Jost Müller-Bohn

Im Blitzkrieg zwischen Hakenkreuz und Sowjetstern

JOHANNIS LAHR

Die Deutsche Bibliothek – CIP-Einheitsaufnahme

Müller-Bohn, Jost:
Im Blitzkrieg zwischen Hakenkreuz und Sowjetstern / Jost Müller-Bohn. – Lahr-Dinglingen : St.-Johannis-Dr. Schweickhardt, 1991
(TELOS-Bücher ; 2350 : TELOS-Paperback)
ISBN 3-501-01123-7
NE: GT

ISBN 3 501 01123 7

TELOS-Bücher
TELOS-Paperback 72350

Umschlagzeichnung: Maria Satter
Gesamtherstellung:
St.-Johannis-Druckerei, 7630 Lahr/Schwarzwald
Printed in Germany 10501/1991

Inhalt

Reise in die Vergangenheit – 50 Jahre danach

Da sitze ich im Führerhaus eines der ersten Lastkraftwagen mit Hilfsgütern, privaten Geschenksendungen und Lebensmittelpaketen für die Aktion: »HELFT RUSSLAND!«

Noch vor dem Weihnachtsfest 1990 sollen diese umfangreichen Spenden die russischen Hilfsbedürftigen erreichen.

Obwohl ich nun bereits im Rentenalter bin und als Behinderter nicht mehr so beweglich wie damals, treibt mich doch eine Sehnsucht zu helfen in das Land, in dem ich vor fast 50 Jahren die schrecklichen Eindrücke meines damals so jungen Lebens erhalten habe. Damals zogen wir als Sieger und Besatzungsmacht in dieses große Land ein. Heute kommen wir als Samariter und Geber für notleidende Brüder und Schwestern der freikirchlichen Gemeinde in Smolensk.

Damals sangen wir das Landknechtslied: »Nach Ostland geht unser Ritt, hell flattert die Fahne im Winde . . .« oder hörten das Schlachtlied der Deutschen Wehrmacht: »Von Finnland bis zum Schwarzen Meer, vorwärts, vorwärts, vorwärts nach Rußland marschieren wir . . .« Heute nun, fast 50 Jahre nach dem Kriegsausbruch, bewegt uns eine große Dankesschuld gegenüber denen, die in soziale Not geraten sind.

An der polnischen sowie danach an der russischen Grenze werden die Zollpapiere nur noch der Form halber kontrolliert. Keine Grenzposten nörgeln über irgendwelche Verfahrensfehler, niemand wird schikaniert oder bedroht, alle russischen Zöllner begrüßen uns äußerst höflich, ja sogar freundschaftlich. Dort, wo sonst kirchliche Hilfsgüter oft stunden- oder sogar tagelang warten mußten, oftmals auch beschlagnahmt wurden, können wir nun bereits nach einer halben Stunde weiterfahren. In der Abfertigungshalle des sowjetischen Grenzgebäudes bei Brest ruft uns ein russischer Zolloffizier zu: »Ich freue mich, daß diese Hilfe spontan von einfachen deutschen Menschen kommt und als ein Zeichen des Friedens und der Freundschaft zwischen Deutschen und Russen anzusehen ist. Hoffentlich gibt es nie wieder Krieg zwischen unseren Völkern! – Der Friede ist doch so gut für alle!«

Diese unbürokratische und freundliche Abfertigung haben wir einer großen politischen Veränderung in der Sowjetunion zu verdanken, nämlich der sogenannten »Perestroika«, einer Veränderung des politischen Systems schlechthin.

Wenige Wochen zuvor war es nach jahrzehntelanger Trennung zur Wiedervereinigung beider Teile Deutschlands gekommen. Nicht nur die Friedensgebete in Leipzig, sondern die in allen Teilen Deutschlands waren erhört worden. Ohne jegliches Blutvergießen konnten durch Gottes Gnade die Menschen aus Ost und West zueinander kommen. Der sogenannte »Eiserne Vorhang« – die schreckliche Trennungsmauer – ist niedergerissen worden. Man konnte diesen geschichtlichen Ereignissen in ihrer bestürzenden Eile kaum folgen. Dem deutschen Volke war wie durch ein Wunder die staatliche Einheit in Freiheit geschenkt worden. Millionen Menschen weinten vor Freude und Ergriffenheit.

Jetzt fahre ich als Helfer in das Land, das während des Zweiten Weltkrieges unter den Kämpfen am meisten gelitten hatte.

Die holprige Strecke der »Autobahn« nach Smolensk ist schneefrei. In den Ortschaften, die wir schon im Krieg durchfahren haben, stehen vor den Geschäften lange Menschenschlangen. Zu beiden Seiten der Straße schleppt die Bevölkerung ihre notdürftig erstandenen Lebensmittel nach Hause. Alle tragen Taschen, viele haben kleine, fast leere Rucksäcke auf dem Rücken wie die Menschen in den Jahren nach Kriegsschluß. Alte Menschen durchsuchen Müllkippen nach Brauch- oder Eßbarem. Wie nur konnte ein Notstand 45 Jahre nach Kriegsende in diesem Riesenreich, das als die Kornkammer Europas bekannt war, überhaupt entstehen? Angesichts solcher Bilder sind wir maßlos erschrocken. Nach drei Tagen Fahrt erreichen wir endlich die Gegend von Smolensk, wir haben ca. 1700 km zurückgelegt. Die alte, ehrwürdige Stadt, die auf eine 1000jährige Geschichte zurückblicken kann, liegt auf den Hügeln am Dnjepr.

Am Abend des 15. August 1812 erreichten hier seinerzeit die Truppen Napoleons die Stadt mit den 36 Türmen, die aus der berühmten Wallmauer hervorragten. Mehr als 100 000 Franzosen belagerten damals die Stadt. Mit 150 Kanonen legten sie ganze Stadtteile in Schutt und Asche. Zwei Tage lang währte 1812 der Kampf um Smolensk, ehe die Franzosen durch das Flammenmeer einziehen konnten.

Am 16. Juli 1941 eroberten die deutschen Panzertruppen des Generalobersten Guderian die Stadt. Als die Rote Armee am 25. September 1943 Smolensk zurückerobert hatte, standen von den einst 8000 Häusern nur noch ca. 700, alle Industriebetriebe waren zerstört.

Bei der Eroberung der Stadt durch die Deutschen war ich als Sonderführer einer Propagandakompanie hierhergekommen. Damals war die Kathedrale mit ihren goldenen Kuppeln nach Jahrzehnten erstmals wieder überfüllt. Heute konnte man auf einem Plakat gegenüber dem Gotteshaus in riesigen Buchstaben lesen: »Ruhm der Heldenstadt Smolensk«.

Im Hof des Museums des »Großen Vaterländischen Krieges« stehen noch heute Panzer und Geschütze aus vergangener, aber unvergessener Zeit.

Es wird schon dunkel in Smolensk, die fünf goldenen Zwiebeltürme der Kathedrale leuchten im Abendlicht.

Wie benommen stehe ich an dem Platz, an dem ich vor fast 50 Jahren als deutscher Soldat meine Filmaufnahmen gemacht habe.

Große und gewaltige Erinnerungen stehen in mir auf – Bilder des Krieges, die wohl verdrängt, aber nicht vergessen sind.

Nach fast 50 Jahren gibt es hier wieder antisemitische Parolen und Bedrängnisse. Zehntausende sowjetische Juden fliehen aus ihrer Heimat nach Israel. Heute weiß ich, die jahrtausendealten Prophezeiungen der Heiligen Schrift erfüllen sich zunehmend. Das Volk Gottes wird aus allen Nationen der Erde heimgeführt, gerade durch die politisch negativen Entwicklungen mit Verfolgungen und Pogromen. Obwohl sich das Land Israel durch die islamische Revolution wieder in höchster Kriegsgefahr befindet, strömen die Juden zu Hunderttausenden aus dem großen Land des Nordens in ihre alte, angestammte Heimat, in das Land der Väter.

Wiederholt sich hier der mächtige Exodus, der nach Kriegsschluß in Europa begann?

Die einst leidenschaftlichen Gespräche zwischen dem ehemaligen sowjetischen Politoffizier Iwan Sadko und dem überzeugten Christen Reinhold Wegmann werden wieder in mir lebendig. Die unselige Vergangenheit steht bald wieder vollständig vor meinem Inneren.

Vorwärts nach Moskau

Sonntag, den 22. Juni 1941

Das Oberkommando der Wehrmacht gibt bekannt:

»An der sowjetrussischen Grenze ist es seit den frühen Morgenstunden des heutigen Tages zu Kampfhandlungen gekommen. Ein Versuch des Feindes, nach Ostpreußen einzufliegen, wurde unter schweren Verlusten abgewiesen. Deutsche Jäger schossen zahlreiche rote Kampfflugzeuge ab.«

So tönte es aus Tausenden von Rundfunkgeräten im Gebiet des Großdeutschen Reiches und bei den Einheiten des Heeres, der Luftwaffe und Marine.

Hinter diesen wenigen Sätzen verbarg sich die Ungeheuerlichkeit einer rasenden Materialschlacht deutscher und sowjetischer Heeresgruppen, Armeen und Luftflotten.

»Der Schleier ist gefallen«, meinte der Chef der Propagandakompanie: »Mephisto hat den Satan hinters Licht geführt. Vor zwei Wochen konnten wir noch aus sogenannten geheimnisvollen Quellen erfahren, Goebbels hätte in der Ministerkonferenz die Anwesenden über die militärische und politische Lage, welche in naher Zukunft eintreten werde, ins Bild gesetzt. Der Führer habe sich entschieden, eine Landung deutscher Truppen in England zu wagen und die eventuelle Operation im Osten abzusagen . . .« Er lächelte hämisch: »Da hat der Goebbels den Deutschen aber einen gewaltigen Bären aufgebunden – einen ›roten Bären‹ kann man wohl sagen.«

Sehr nachdenklich und mit bitterem Unterton fügte er hinzu: »Nun, Schicksal, nimm deinen Lauf – den härtesten seit Kriegsbeginn . . .«

Mit diesem Satz entließ uns der Chef der Propagandakompanie am ersten Tag des fürchterlichsten Teils des Krieges.

In dieser Situation war ich als Kriegsberichterstatter zur Propagandakompanie gekommen. Als Sonderstaffel z. b. V.* unter-

* zu besonderer Verwendung

standen wir dem Armeekommando direkt. Am Vorabend des großen Rußlandkrieges wurden wir Augenzeugen des gigantischen Aufmarsches einer schlagkräftigen Millionenarmee der Deutschen Wehrmacht.

Leise zogen gut ausgerüstete Einheiten in ihre neuen Bereitschaftsstellungen, knirschende Wagenräder und gedämpfte Geräusche der Panzer und Sturmgeschütze waren zu hören. Gespenstisch schob sich eine bis an die Zähne bewaffnete Armee an die Grenze des sowjetischen Riesenreiches. Schon drei Tage vorher hatten wir uns als schnelle, bewegliche Einheit der Propagandakompanie das Gelände angesehen. In den dunklen Wäldern Ostpreußens lagen, gut getarnt, die Infanteriedivisionen, die Panzerregimenter, die Sturmbataillone der Pioniere, ja alle Waffengattungen des Heeres.

Ein drückend heißer Tag ging zu Ende. Die Sonne verschwand hinter den weiten Kiefernwäldern am schmalen Horizont. Von einer Abendstille konnte keine Rede sein. In einem alten Rittergut hatte sich der Armeegefechtsstand eingerichtet. Vor dem großen, alten, schmiedeeisernen Tor herrschte geschäftiges Kommen und Gehen. Kradmelder jagten den Sandweg herauf. Stabsoffiziere und Ordonnanzen kamen über den gepflegten Hof am Herrenhaus. Mit unserem Kübelwagen** fuhren wir zum Befehlsempfang.

Von einem Stabsoffizier erfuhren wir den Tagesbefehl des Führers: »Soldaten der Ostfront!«

Wie bitte? Seit wann gab es denn eine Ostfront?

Die Propagandakompanie wußte es seit einiger Zeit, und doch fiel nun zum ersten Mal dieses schreckliche Wort: Ostfront. Gleich darauf sollte jedermann auch etwas »von dem qualvollen Seelenzustand« des Führers hören.

»Von schweren Sorgen bedrückt, zu monatelangem Schweigen verurteilt, ist nun die Stunde gekommen, in der ich zu euch, meine Soldaten, offen sprechen kann . . .« Mit bitterem Hohnlachen vernahmen es die Offiziere, die sogenannten Sonderführer der Propagandakompanie, die Männer also, die eigentlich das Gras wachsen hören sollten, mußten sich wieder einmal den erfundenen Vorwand anhören: »Russische Einheiten seien auf deutsches

** Legendärer Personengeländewagen der deutschen Wehrmacht

Reichsgebiet vorgedrungen. Sie konnten erst nach längerem Feuergefecht zurückgetrieben werden.« Die gleiche Propagandalüge wie vor zwei Jahren, als der Krieg gegen Polen vom Zaun gebrochen wurde.

Wenn solche Übergriffe stattgefunden hätten, wäre die Propagandakompanie längst an Ort und Stelle gewesen, um von diesem Unternehmen ausreichend Aufnahmen herzustellen. Welch ein unglaublicher Blödsinn, von dauernden Verletzungen des Grenzgebietes im Osten zu sprechen.

Weiter las unser Kompaniechef:

»In diesem Augenblick, Soldaten der Ostfront, vollzieht sich ein Aufmarsch, der in Ausdehnung und Umfang der größte ist, den die Welt je gesehen hat . . .« Ja, das war uns »überraschenderweise« schon seit Wochen bekannt.

Die letzten Sätze des Tagesbefehls »Möge uns allen in diesem Kampfe der Herrgott helfen!« war bei Hitler eine vielbenutzte Redensart; geradezu eine Pflichterfüllung seiner Rhetorik.

Unsere Aufgabe bestand nun darin, am folgenden Tag sofort nach dem Beginn der Offensive im Osten, die ersten Bilder von der neuen »Ostfront« zu filmen. Damit waren wir vorerst entlassen.

Mit unserem Filmwagen und den beiden Motorrädern warteten wir an diesem denkwürdigen Tag auf die vorrückende Infanterie, die auch bald in gespenstisch düsteren Zügen an uns vorüberzog. Bei diesen Lichtverhältnissen war es unzweckmäßig, die Kamera laufen zu lassen. Wir konnten keinen Meter drehen.

Wie gelähmt saßen wir herum. Vielleicht geschieht doch noch ein Wunder? Die Situation schien uns so unwirklich. Morgen sollte es einen neuen »Kriegsschauplatz« geben, es war kaum auszudenken. Welch entscheidende Minuten in der großen Weltgeschichte – noch könnte ja alles aufgehalten werden; noch bestünde die Möglichkeit, die Panzerwagen zurückzubeordern. Wie viele Schmerzen und Leiden würden Millionen erspart bleiben. Wie viele Menschenleben könnten erhalten bleiben, wenn nicht ein machtbesessener Gewaltmensch von dämonischen Gedanken beherrscht wäre, auf Erden eine neue Herrenrasse züchten zu wollen?

Millionen von Soldaten starrten wie hypnotisiert in das sich anbahnende Inferno; sie mußten ohnmächtig in das herannahende

Völkermorden blicken, unfähig, jetzt noch etwas dagegen tun zu können. Was war der Mensch gegenüber diesen finsteren Mächten des Schreckens?

Über Kartoffeläcker und Kornfelder hinweg wälzten sich die mächtigen Heersäulen der deutschen Armee voran. Mit abgedunkelten Scheinwerfern fuhren motorisierte Divisionen in die Bereitschaftsstellungen. Jeder Panzer hatte zusätzlich noch zehn volle Benzinkanister am Turm verstaut und außerdem einen Anhänger mit drei Tonnen Benzin im Schlepp. Es waren also nicht nur »kleine Grenzgefechte« geplant. Diese Kraftstoffreserve reichte fast für den Weg bis nach Moskau. Zu dieser Zeit war strengste Funkstille befohlen, kein Funkspruch ging aus den Antennen, um die sowjetischen Abhörstellen nicht mißtrauisch zu machen.

Die Armbanduhren tickten, die Zeiger rückten unaufhaltsam auf dem Leuchtzifferblatt voran. In stundenlangen, mühseligen Schleichmärschen waren die Truppen an die sowjetische Grenze herangekommen. Pionierkompanien warteten schon, um nach dem ersten, gewaltigen Feuerschlag schnell an besonderen Übergangsstellen Behelfsbrücken zu bauen.

Noch fünf schicksalsschwere Minuten. Jeder hatte ein merkwürdiges Gefühl im Kehlkopf. Man spürte den Herzschlag bis hinauf an die Kragenkante. Noch stand am anderen Flußufer der Beobachtungsturm des bisherigen Verbündeten und des ab sofort zu vernichtenden Feindes. Am Himmel dämmerte das erste Morgenlicht, sonst herrschte wunderbare Stille – es schwieg die ganze Welt. Ich dachte daran, wie Hitler und seine Paladine in Berlin, wahrscheinlich noch wach sitzend, auf die ersten Erfolgsmeldungen warteten. Millionen ahnungsloser Volksgenossen schliefen, wie immer, in der Erwartung eines sogenannten »Terrorangriffs« der Engländer oder anderer Feindflugzeuge.

Jetzt rückten die Zeiger auf 3.15 Uhr. In diesem Moment zuckte ein gigantischer Blitz auf einer Breite von über 1000 km in den anbrechenden neuen Tag. Soweit das Auge reichte, heulte es beim Blitzen der Abschüsse über die Grenzen nach Rußland. Aus Tausenden von Geschützrohren fauchte eine todbringende Fracht über die Grenzeinheiten der Roten Armee. Der Scheinfriede war gestorben. Der Krieg begann. Die erste schreckliche Todeswalze fiel über ein ahnungsloses Volk her.

Wir lagen hinter einem Divisionsgefechtsstand an einem kleinen Hügel. Über uns orgelte es Tod und Verderben. Unzählige Granaten aller Kaliber heulten vorüber. Erste bellende Abschüsse vermischten sich mit einem krachenden Heulen und Gurgeln aus Tausenden von Geschützrohren. Alles, was mir vor das Objektiv kam, filmte ich: Die voranschreitende Feuerwalze, Einschläge von Hunderten von Granaten jenseits des Flusses und die sowjetischen Beobachtungstürme, die nacheinander fielen. Rechts und links wimmelte es von stürmenden Infanterieeinheiten. Über Gräben, Äcker und Mulden sprangen sie voran. Alle Klangfarben des Krieges tönten ineinander vom hellen Maschinengewehrfeuer bis zum dumpfen Grollen der Eisenbahngeschütze.

Jetzt rückte die Feuerwalze vor, von Punkt zu Punkt. Gegen eine erste, feindliche Bunkerlinie wurden Flammenwerfer eingesetzt. Hell peitschten die Salven aus den Maschinenpistolen, das Gewehrfeuer tackerte unaufhörlich. Finstere Dämonen schienen los zu sein, Tod und Verderben spien sie über das Land.

»Sprung auf! Marsch, marsch!« hallte es neben uns. Mit meinem Kamera-Assistenten Franz Beck rannte ich übers Feld. Wir schleppten an die 50 Pfund schwere Geräte mit uns.

Plötzlich fiel ein gezielter Schuß in unserer Nähe. Heckenschützen griffen uns aus dem Hinterhalt an. Vor uns richtete sich ein Feldwebel der Infanterie mit ausgebreiteten Armen auf. Aus seiner Hand entfiel ihm das Gewehr; es schien, als rufe er ein letztes Amen! Wie ein Stein plumpste er auf die Erde. Der erste Tote, den wir in diesem neuen Krieg sahen. Zur gleichen Zeit ließen Tausende ihr Leben. – Was ist der Mensch? – Nur ein Hauch, ein Schatten!

Wir hatten keine Gewehre, nur unsere kleinen Dienstpistolen; welch ein Glück, daß wir uns nicht an diesem Mordgeschäft aktiv beteiligen mußten.

»Sturmgeschütze vor!« brüllte ein Offizier. Da rollten die schwerfälligen Kolosse schon heran. Das Feuer des Feindes flaute ab. Wir erhoben uns aus der Deckung. Vor uns lag die zerschundene Kreatur – der gefallene Feldwebel. Mein Kamera-Assistent Franz Beck beugte sich über den Unbekannten und rief ihn an. Schnell ließ ich die Kamera laufen. Doch solche Bilder waren im Propagandaministerium nicht gefragt – nein, den zerschlagenen

Feind, zerschossene Kampfwagen, verlassene Stellungen und zurückgelassenes Material des Feindes sollten wir filmen.

Meter um Meter belichtete ich – Bilder eines Tages, der die Weltgeschichte verändern sollte; für Jahre, vielleicht auch für Jahrzehnte?

Am Abend waren wir schon ganz alte Soldaten, voller Eindrükke des Grauens und ahnten nicht, wieviel Jahre solch ein Entsetzen andauern sollte.

Der Bericht des Oberkommandos der Wehrmacht vom Montag, dem 23. Juni 1941 lautete kurz und bündig:

»Im Osten verlaufen die Kämpfe des Heeres und der Luftwaffe gegen die Rote Armee planmäßig und erfolgreich.«

Absichtlich wurden die ungeheuerlichen Offensiv-Schlachten heruntergespielt. Zunächst sollte es nur nach einem örtlichen Vergeltungsschlag aussehen. Unsere Aufgabe war es, an den »Neuen Germanenzug gegen den jüdisch-bolschewistischen Todfeind« zu erinnern. Propaganda-Minister Goebbels erklärte in der Ministerkonferenz: »Wie der Kampf ausgeht, ist für uns klar. Er kann nur mit einem Sieg der deutschen Waffen enden. Die Presse hat jetzt die entscheidende Aufgabe, Herz und Gefühl der Heimat so zu lenken, daß die Front sich auch jetzt wieder auf die Heimat verlassen kann.«

In der Nacht lagen wir in einer russischen Bauernkate. Die Bewohner waren geflohen. Es war ein sehr einfaches Holzhaus mit mächtigen Balken an der Außenwand. Die Innenwände bestanden aus Brettern. Nun saß ich in einer richtigen Wohnung mit heilen Fensterscheiben, Tischen und Stühlen und auch richtigen Bauernbetten. Keine Sprungfedermatratzen, sondern nur gefüllte Strohsäcke auf Brettern, aber was macht das schon. Schnell beschriftete ich die belichteten Filmrollen. Franz Beck hatte jeweils kurze Notizen von den einzelnen Motiven und Kameraeinstellungen gemacht.

Heinz Wockenfuß, der Wortberichter, stellte sich einen kleinen Tisch ans Fenster, kramte seine Reiseschreibmaschine hervor und begann, die ersten Fronteindrücke zu Papier zu bringen. Mit großem Wohlbehagen steckte ich die sandigen Füße in einen mit Wasser gefüllten, hölzernen Waschzuber und beobachtete die Dorfstraße. Die Holzhäuser entlang der breiten Straße, wenn man den ausgefahrenen, erdigen Fahrweg überhaupt als eine Straße bezeichnen darf, sah urromantisch aus. In der Nähe des Friedhofs stand der hochaufragende Ziehbrunnen. Er wurde laufend belagert von nachrückenden Einheiten.

Durst und Hitze bereiteten den Infanteristen die größte Pein. Mühsam quälte sich der Nachschub durch den pulvrigen Sand.

In einer Ecke, unter einem Heiligenbild, hockte der Obergefreite Reinhold Wegmann, unser Kraftfahrer, ein besonnener, in sich gekehrter Einzelgänger – fast ein Sonderling. Vor dem Essen faltete er stets seine Hände und schloß die Augen, ehe er den ersten Bissen in den Mund nahm. Wir respektierten diesen schweigsamen Kameraden, weil er sich als äußerst zuverlässig und stets hilfsbereit erwies. Irgendwann wollte ich ihn gewiß ansprechen, um etwas über seinen Glauben zu erfahren.

Am Abend konnte ich die russischen Mädchen beobachten, wie sie mit ihren Trageimern zum Dorfbrunnen zogen, um Wasser zu schöpfen. Ein friedvolles Bild. Am Brunnen waren einige Soldaten den hübschen Mädchen behilflich, das Heraufziehen der schweren Eimer mit Wasser zu bewerkstelligen.

Zu später Nachtstunde erfuhren wir, daß es den deutschen Truppen an der ganzen Front gelungen war, tief in die feindlichen Grenzbefestigungen einzubrechen.

In den frühen Morgenstunden wurden die Fahrzeuge beladen. Dichter Nebel lag über dem Gelände. In der Ferne heulten irgendwo Hunde. Sonst herrschte friedvolle Stille ringsumher. Die Wege waren plattgewalzt und breitgefahren. Die Vormarschstraßen mußten wir oft in Serpentinen mühsam hangaufwärts fahren. Wir fuhren in Richtung Norden. Bald hatten wir die Vorausabteilung einer Panzerdivision erreicht. Alle Fahrzeuge trugen ein großes weißes G, als taktisches Zeichen der Panzergruppe des Generalobersten Guderian – genannt der »schnelle Heinz«.

Zur Rechten wie zur Linken an einer kleinen Holzbrücke standen getarnte Kettenfahrzeuge mit aufgesessenen Panzergrenadieren.

Die schnellen Truppen bestimmten das Tempo. Panzerkolonne auf Panzerkolonne rollte ostwärts. »Nicht kleckern, sondern klotzen«, hieß die Parole des Panzergenerals Guderian.

Die ersten Gefangenen wurden vorbeigeführt. Schnell sprangen wir vom Wagen: Mit der Handkamera filmte ich diese glatzköpfigen jungen Männer – nur einige trugen Stahlhelme, andere schienen im Schlaf überrascht zu sein; sie liefen in Unterwäsche vorbei.

»Vorwärts, vorwärts!« hieß die Parole – die erste orthodoxe Kirche mit den Zwiebeltürmen sahen wir in der Ferne. Der Ort war teilweise zerstört, eine ganze Häusergruppe niedergebrannt. In einem Haus konnte man noch den Herd inmitten von Trümmern sehen. Ein Kaminstumpf ragte aus dem Wirrwarr. Ein älterer Mann und seine Frau hockten davor, der Herd rauchte. Es wurde mäßig warm – ein herrlicher Morgen. Die windschiefen Holzhäuser mit den urigen Strohdächern waren zerfallen, nur die Dorfkirche stand weiß und leuchtend auf einem Hügel. Sonderführer Wockenfuß ließ halten. Behende sprangen wir aus dem Kübelwagen, die große Kamera wurde auf das Stativ gesetzt und bald schnurrte das Filmgerät, während pausenlos die deutschen Wehrmachtskolonnen an uns vorüberzogen.

Reinhold Wegmann lief zur Kirche hinüber. Als er in die Tür trat, nahm er ehrfurchtsvoll seine Feldmütze vom Kopf und faltete die Hände.

Vor den prunkvollen Gemälden knieten viele Zivilisten, jung und alt. Die Frauen trugen weiße Kopftücher. Obwohl Wegmann kein Wort Russisch verstand, murmelte er ein Gebet, nein, nicht das »Vaterunser«, wohl einen selbstverfaßten Psalm. Im Kirchenschiff stank es nach Weihwasser, Schweiß und Knoblauch. Beeindruckende Gesichter voller Andacht und Demut – echte Tolstoigestalten. Eine Vielzahl von Motiven bot sich an. Ich verbrauchte fast einen ganzen Film. Ob diese Bilder überhaupt gefragt waren, wußte ich nicht – vielleicht wanderten sie unveröffentlicht ins Archiv.

»Wo steckt denn der Wegmann?« brüllte Sonderführer Wokkenfuß.

»Es geht weiter – Menschenskinder, wir sind doch hier nicht zur Hochzeit geladen!«

Nach einer Stunde erreichten wir eine befestigte Straße. Endlich kamen wir etwas schneller voran. Neben der Steinstraße zogen auf einem sandigen Feldweg lange Kolonnen von Gefangenen – breite slawische Gesichter, stumpfsinnig wirkende Gestalten mit wulstigen Lippen, alle kahlköpfig, stets einen zusammengeschnürten Beutel auf dem Buckel.

An einer gesprengten Brücke staute sich der Verkehr – sollte man auf den Bau einer Pionierbrücke warten? Plötzlich wurde die Straße freigemacht – schwere Artillerie eröffnete das Feuer, um das jenseitige Ufer sturmreif zu schießen, für unsere Fotoapparate und Filmkameras eine Fülle von Motiven. Jetzt erschienen zwanzig Tauchpanzer – ein Feldwebel auf dem Turm dirigierte das Fahrzeug bis an eine flache Flußstelle. Danach verschwand er im Turm und schloß die Luke.

Gleich rollte der tonnenschwere Panzer ins Wasser, das über dem Turm zusammenschlug.

»Mensch, kick doch mal, der spielt ja U-Boot!« staunte Franzl. »Hat man schon so wat jesehen?« Panzer um Panzer tauchte in den Fluß ein, nur ein dünnes Stahlrohr für die Frischluftversorgung von Besatzung und Motor ragte aus den Wellen und deutete auf den Unterwassermarsch der Panzer. Die Blasenbahnen der Auspuffgase blubberten hoch.

Ich filmte, was das Zeug hielt, mit allen mir nur zur Verfügung stehenden Kameras hintereinander. Nun krochen die ersten Stahlkolosse am anderen Ufer empor. Wie geheimnisvolle Wassertiere kamen sie ans Land. Die Lukendeckel flogen auf. Die Kommandanten erschienen wieder und brüllten: »Panzer, marsch!«

Der Übergang mit schwerem Gerät hatte geklappt. Ich glaube, wir haben heute eine gewaltige Filmausbeute. Um die Mittagszeit erreichten wir den vorgeschobenen Gefechtsstand der Armee. Vor einer strohbedeckten Bauernkate hielten zwei Personenwagen des Stabes. Ein hoher Offizier stand dort, umgeben von seinen Stabsoffizieren, Ordonnanzen und Meldern. An den Wagen ragten hohe Antennen zum Himmel. Der Befehlshaber diktierte gerade die nächsten Befehle an seine Fronttruppen. Die goldenen Lorbeerblätter auf karmesinrotem Spiegelgrund verrieten den General. Wieder griffen wir nach dem Fotoapparat und der Handkamera. Wir konnten unsere Filmkassetten gerade den Kurieren übergeben, da erfuhren wir von einem waghalsigen Unternehmen einer Vorausabteilung, das am kommenden Tag in der Frühe in Richtung Dünaburg starten sollte. Sonderführer Wockenfuß hatte mit einem Kommandeur verhandelt. Nach Sonnenaufgang kam der Befehl: »Alles fertigmachen – in wenigen Minuten bricht hier eine Vorausabteilung auf! Gefechtsauftrag:

Durchbruch bis zu den Brücken bei Dünaburg. Jeder Widerstand ist mit Gewalt zu brechen!«

Am Dorfausgang trafen wir die Panzerspitze und die Fahrzeuge der Vorausabteilung. Mit laufendem Motor standen die Schützenpanzer abfahrbereit am Straßenrand.

»Wir fahren bis an die Spitze vor«, kommandierte Heinz Wockenfuß. »Unter allen Umständen mogeln wir uns dort in eine Lücke hinein, sonst bekommen wir nichts Gescheites in die Linse. Ein guter Rücken kann wohl entzücken, aber nicht bei der Propagandakompanie.«

Jetzt rollte die Spitze der 8. Panzerdivision an. Von einem Spähwagen rief ein waschechter Berliner: »Hurra, hurra – die Wochenschau ist da!« Die Spitze preschte auf der sogenannten »Fernstraße« in Richtung Leningrad ab. Wir hatten einen Ehrenplatz bekommen. Als Filmberichter fuhren wir an dritter Stelle. Der erste Wagen war eine Selbstfahrlafette mit einem 2 cm-Flak-Geschütz. 200 Sprenggranaten pro Minute konnten die Kanoniere dem Feind entgegenjagen. Kradschützen mit schweren Beiwagenmaschinen und MG umgaben uns.

Die Ketten rasselten, die Motoren brummten – die Kolonne kam zügig voran. Die Panzerkommandanten lehnten sich an die Turmöffnung und suchten mit scharfen Ferngläsern die Umgebung ab. Durch sumpfige Senken, über sandige Hügel, durch Wälder und Kornfelder bewegte sich der gepanzerte Konvoi. Der Himmel wölbte sich hellblau über der schnellen Vorausabteilung.

Ein Hauptmann im vorderen Wagen führte die Spitze. Er gab der ihm nachfahrenden Kolonne präzise Fahranweisungen. Franzl hatte bereits das Teleobjektiv auf seine Leica geschraubt; ich hatte meine Handkamera, die unverwüstliche Ariflex-Kamera, in der Hand. Es war uns bekannt, daß wir uns mitten durch zwei sowjetische Armeen hindurchlancieren sollten. In der ersten Stunde war es eine fast traumschöne Fahrt durch wogende Kornfelder rechts und links. Das gleißende Sonnenlicht brachte die federnden Ähren zum Glänzen. Auf grünen Weiden standen die Kühe und glotzten uns mit großen Augen an. Hier und da standen Bauern auf dem Felde. Sie winkten uns freundlich zu. Offensichtlich waren sie in gutem Glauben, wir seien sowjetische Verbände.

»Junge, Junge, wenn die wüßten, det hier ›Lützows wilde,

verwegene Jagd‹ vorbeirast und tief ins Hinterland braust. Wenn det so weiterjeht, sind wir bald in Dünaburg«, meinte Franzl. Die Wegweiser geben uns recht: Noch zehn Kilometer bis Dünaburg – noch acht – noch vier; es war ein merkwürdiger Zug. Alles wirkte unheimlich.

Aus dem Fahrzeug an der Spitze erhob der Kommandant die Hand. »Achtung«, rief er und winkte nach rechts: »Alles rechts ran und halt!«

An den haltenden Fahrzeugen vorbei schob sich eine merkwürdige Kolonne. Vier Beutelastwagen der Sowjets – die Fahrer und Beifahrer in russischen Uniformen. Die Stabsoffiziere am Straßenrand grinsten, wir auch; denn wir gehörten bereits zu den Eingeweihten. Wir wußten nämlich, was es mit dem geheimnisvollen Konvoi für eine Bewandtnis hatte – es waren Angehörige des sogenannten Regiments »Brandenburg«, kurz die »Brandenburger« genannt, einer Spezialtruppe aus ehemaligen Volksdeutschen, die die russische Sprache und den Umgangston gut beherrschten. Diese geheimnisvolle Truppe unterstand dem Chef des deutschen militärischen Geheimdienstes, nämlich Admiral Canaris, direkt.

Die vier sowjetischen Beutewagen hielten noch einmal an, um letzte Instruktionen vom Kommandeur der Vorausabteilung entgegenzunehmen.

Ein Hauptmann blickte auf uns: »Na, meine Herren von der Propagandakompanie, wie wär's? Das gibt die besten Bilder, aber auch die gefährlichsten. Oberleutnant Knaak wird Sie gewiß einladen zu einer Spritztour durch die feindlichen Linien und zu einem Stadtbummel im sowjetischen Dünaburg. Plätze sind gewiß noch frei!«

Der Oberleutnant nickte mit dem Kopf. Ich stieß Beck in die Seite: »Wie steht's, Franzl? – Solch eine Gelegenheit gibt's vielleicht im ganzen Krieg nicht mehr!«

Etwas skeptisch sagte er: »Also jut, Helm ab zum Jebet! Ein höchst brisantes ›Himmelfahrtskommando Marke Heldenklau.‹« Schnell stopften wir die Taschen mit Filmen voll und setzten den Stahlhelm auf. Wir stiegen auf die Beutefahrzeuge zu den Brandenburgern. Meine Handkamera hatte ich sorgsam zwischen die Knie genommen. Ich saß, umgeben von den seltsamen Soldaten, unter der Zeltplane des zweiten Lastwagens. Jetzt rollten wir an und fuhren im rasanten Tempo über das sogenannte »Dünaknie« und mitten durch die Stadt.

»Da, vor uns die Brücken!« schrie einer der Offiziere von der Brandenburger Division. Über die Straßenbrücke, mitten in Dünaburg, flutete der Verkehr wie im Frieden – wackelige Panjewagen, alte Traktoren, Männer mit Handwagen, Frauen mit Kindern, barfuß und vielem Gepäck. Über die Eisenbahnbrücke schob sich gerade ein Güterzug – das alte Dampfroß schnaubte und pfiff. Unsere Männer fuhren an den sowjetischen Brückensicherungen vorbei. Die Fahrer in den russischen Uniformen riefen den Feldwachen Witze zu: »Germanski kapuutt – alle Fritzen* sind in die Flucht geschlagen. Bis nach Dünaburg kommt kein bewaffneter Deutscher – so wahr Stalin lebt!« Ein spöttisches Lachen war zu hören.

Die Motoren heulten auf – die Wagen rollten weiter durch die Vorstadt, an vielen Fußgängern und Straßenbahnen vorbei. Die Russen winkten siegesgewiß.

Sobald der Wagen hielt, filmte ich durch ein Loch in der Leinwand, und zwar Bilder für die Deutsche Wochenschau. Bilder direkt aus dem russischen Hinterland. Vor uns lag die große Straßenbrücke – Leutnant Knaak rief: »Vorwärts! Vollgas und drauf!«

Die zweite Brückenwache wollte die Fahrzeuge kontrollieren, doch unser Leutnant befahl: »Weiter! – Keine Verhandlungen!«

Jetzt erhielten wir Feuer von den Wachen!

»Alles raus und auf die Brücke marsch, marsch!« rief der Zugführer. Die Wache wurde überwältigt, die Sprengladung zerschnitten und in Deckung gegangen. Ich hatte mich hinter einen Kilometerstein gesetzt; den Stein benutzte ich als Unterlage für die Kamera.

In aller Seelenruhe ließ ich die Ariflex surren. Neben mir lag ein verkleideter Brandenburger und zielte mit dem Maschinengewehr in die Richtung, woher das Feuer der Russen kam. Solche brisanten Bilder wünschten sich wohl alle Filmkameramänner der Propagandakompanien. Sie würden einem kaum wieder so schnell geboten.

* Spottname für deutsche Soldaten, nach ihrem König Friedrich, dem Großen, genannt.

Aus Versehen ging ein Teil der Sprengladung an der Eisenbahnbrücke in die Luft, aber die Brücke blieb passierbar. Bald stießen auch die Panzerwagen der 8. Division nach. Kurze Zeit später konnte dem kommandierenden General von Manstein die Funkmeldung abgesetzt werden:

»Handstreich auf Stadt und Brücke von Dünaburg geglückt. Straßenbrücke unversehrt. Eisenbahnbrücke durch Sprengung leicht beschädigt, aber passierbar!«

Franzl war ganz aus dem Häuschen: »Junge, Junge, det war ein echter Indianerstreich Marke Wildwest in Reinkultur! Da wird sich Goebbels aber freuen!«

Er verstaute das wertvolle Filmaterial in die Kästen und den Filmbeutel. Hochbeladen stiegen wir später in unseren Filmwagen und fuhren unter Begleitschutz eines Kradmelders in die rückwärtigen Quartiere.

Erst am 29. Juni wurde in einer Sondermeldung des Oberkommandos der Wehrmacht bekanntgegeben:

»26. Juni 1941

In kühnem Vorstoß erreichten unsere im baltischen Raum operierenden Truppen die Düna. Der Strom wurde an mehreren Stellen überschritten. Die Stadt Dünaburg fällt in deutsche Hand. Alle Versuche des Feindes, diesen Vormarsch durch verzweifelte Gegenangriffe zu verhindern, scheiterten an der Tapferkeit unserer Soldaten.«

Am Nachmittag erreichte unsere Staffel ein kleines Dorf; ein Nest von elf verstreuten Hütten mit zwei Ziehbrunnen, die in der Dorfmitte neben einem verwitterten Kolchosenstall ihre langen Hebebalken zum Himmel richteten. Wir nisteten uns in einem verlassenen Blockhaus mit stark verschmutzem Strohdach ein. Bald herrschte hier Hochbetrieb. Die Wortberichter hämmerten ihre neuesten Frontberichtseindrücke in die Schreibmaschinen. Wir Film- und Bildberichter verfaßten Bildunterschriften oder gaben Schnitt- und Textanweisungen für unsere ersten hundert Meter von belichtetem Filmmaterial vom Frontgeschehen.

Noch vor Beginn der Dämmerung brausten die Kradmelder mit dem wertvollen Propagandamaterial zum nächsten Feldflughafen, damit die Berichte, Bilder und Filme noch rechtzeitig zu der Kuriermaschine nach Berlin kamen. Franzl hatte mit seiner Leica mehr als hundert Bilder geschossen; er füllte unsere Kamerabehälter mit frischem Filmmaterial auf: »Menschenskind, ick hab'n Sauhunger«, stöhnte Franzl. »Seit heute früh hab' ick nischt Eßbaret die Kehle runterrutschen jespürt.« Mit süßsaurer Miene blickte er mich an und drückte dabei seine linke Hand in die Magengegend. »Jibt et denn hier überhaupt nischt zu beißen?«

Walter Häberle, Obergefreiter und zweiter Kraftfahrer des Kübelwagens, ein echter Schwabe, meinte: »Jo moinscht, die Russa stellat unseretwega an Spezialkoch a?«

»Ne, det nu jerade nich, aber zwischen die Häuser von dieses Nest is doch keen Mensch zu sehn. Ob die Iwans aus Angst vor uns Reißaus jenommen haben?«

»Dr Stalin hot gwiß koi Propaganda für de Deitsche g'macht.«

»Denn woll'n wa mal sehn, ob hier nischt zu finden is«, meinte Franzl.

So machten wir uns auf den Weg, um den Ort auszukundschaften. Unser Staffelführer, Sonderführer und Hauptmann Wockenfuß, Reinhold Wegmann, der Kradfahrer, und Boris Fenzlau, der das Krad im Seitenwagen fuhr, blieben im Quartier zurück.

Franzl rief in jedes Fenster: »Hallo, is hier jemand? Is denn keen Aas hier zu finden?«

Schließlich erschien ein Bauer. Sehr vorsichtig und voller Mißtrauen kam er aus einer windschiefen Scheune heraus. Als er uns erblickte und feststellte, daß wir keine Waffen bei uns trugen, rief er ein paar russische Worte durch die offene Tür. Jetzt erschien seine Frau, umringt von mehreren Kindern – das jüngste hielt sie auf dem Arm. Alle gingen barfuß, nur der Bauer trug ziemlich zerschlissene Stiefel.

Franzl schnatterte in echtem Berliner Dialekt auf sie ein. Er konnte kein einziges russisches Wort, um so lebhafter und urwüchsiger waren seine Gesten. Er versuchte den Russen klarzumachen, daß wir etwas Eßbares auftreiben wollten.

»Du, Panjinka«, sagte er zu der Frau, »du nischt für uns zu essen?« Dabei schaufelte er mit der rechten Hand im Geiste etwas Eßbares in seinen Mund, der unentwegt Schnappbewegungen machte. Nach und nach kamen aus den Scheunen und Häusern die übrigen Bauern mit ihren Kindern. Franzl kauderwelschte weiter:

»Gag – gag – gag – gag – tuk – tuk – tuk – tuk – kikeriki!« krähte Franzl. »Jibt et denn hier keene Eier?« Schließlich kapierten die Russen, was wir wollten und holten aus ihren Verstecken eine beträchtliche Anzahl von Eiern hervor. Auch ein grobes Landbrot überreichten sie uns. Zu guter Letzt schenkten sie uns noch zwei Hühner, Kartoffeln, Tomaten und Weißkohl. Sie brachten uns das Essen bis zum Quartier.

Die Kinder verloren als erste ihre Scheu, sie reichten uns ihre kleinen Finger und drückten ihre kahlen, kleinen Köpfe an unsere Hände. An einer offenen Feuerstelle wurde jetzt gebraten und gebrutzelt. Schnell holte ich meine Filmkamera vor und drehte diese urwüchsige Szene; herrliche Bilder, wie bei der Aufführung von Wallensteins Lager aus dem Dreißigjährigen Krieg.

Die Bauern umlagerten mit ihren Frauen unsere Kochstelle und palaverten lebhaft. Wir boten ihnen für das Essen Geld an, aber sie lehnten es ab. Dankbar ergriff eine Russin meine Hand und begann sie zu küssen. Diese demütige Geste war mir unangenehm, da ich so etwas überhaupt nicht gewohnt war. Als die Mahlzeit zubereitet war, stellten wir unter freiem Himmel Tische auf, nahmen die letzten Schüsseln, die wir auftreiben konnten und setzten uns mit den Bewohnern auf die Kisten, Baumstämme und Hocker. Reinhold faltete nach seiner Gewohnheit die Hände und begann zu beten. Die Russen bekreuzigten sich, während die Männer ihre Mützen abnahmen. Ein gemeinsames »Amen« war zu vernehmen.

»Was mag in den Köpfen dieser einfachen Bauern jetzt vorgehen? Menschen, die seit Jahrzehnten unter einem strengen atheistischen System lebten, beteten mit deutschen Soldaten unter freiem Himmel!« dachte ich so bei mir.

Weshalb war es der bolschewistischen Ideologie, trotz aller Machtbefugnis bis hinein in das familiäre Leben der Menschen, nicht möglich, den Glauben an Gott auszulöschen? Bei irgendeiner günstigen Gelegenheit wollte ich unseren Kraftfahrer Reinhold Wegmann darüber unter vier Augen befragen.

Lange Zeit saßen wir beieinander. Die Russen begannen zu singen: Volkslieder, schwermütige Melodien und auch Choräle. Dieses inbrünstige Singen ging mir unter die Haut. Alles schien ihnen aus dem Herzen zu kommen. Erst als der Mond hinter einem fernen Wald sein mildes Licht hervorbrachte, verabschiedete sich die Bevölkerung dieses kleinen, unscheinbaren Ortes von uns.

So freundlich, wie wir von den Bewohnern empfangen worden

waren, so feindselig wurden wir von den einheimischen Mücken geplagt. Unzählbar waren die Seen, die Sümpfe, die Wassertümpel und die toten Flußarme. Träge floß in einiger Entfernung das Wasser der Düna dahin. In dieser Gegend weitete sich der Fluß kilometerweit über eine enorme Landfläche aus. Kilometerweit raschelte das Schilf, das bis an den äußersten Rand eines europäischen Urwaldes reichte. Eine unsagbar günstige Brutstätte mit Myriaden von Mücken. Hier entschlüpften die Schwärme von jungen Quälgeistern. Diese unwirklichen Sumpfniederungen wurden nie von eines Menschen Fuß betreten. Besonders nachts stürzten sie sich auf uns, saugten süßes, rotes Blut, stachen und quälten uns bis an den frühen Morgen.

Als ich in der Morgendämmerung erwachte, saß Wegmann, unser Kraftfahrer, schon am Fenster. Er hatte seine Augenlider geschlossen und bewegte tonlos die Lippen. Vor ihm, auf einer grauen Holzkiste, lag seine Bibel und ein anderes Büchlein.

»Seltsam«, dachte ich, »daß es so etwas noch im 20. Jahrhundert gibt, einen Mann, der ohne Scheu sein Morgengebet spricht und stets die Bibel bei sich trägt.« Sonst war er ein angenehmer und sehr zuverlässiger Mann. Mir kamen seltsame Gedanken. Was würde solch ein Soldat wohl machen, wenn er angegriffen würde? Konnte er seinen Feind einfach niederschießen? Fragen über Fragen stiegen in mir auf. Ich wollte ihn aber jetzt auf keinen Fall stören. Seine stete Gelassenheit, seine unbeschreibliche Ruhe machte auf uns alle einen wohltuenden Eindruck. Auch unser Staffelführer, Hauptmann Wockenfuß, ließ diesen Einzelgänger in Ruhe.

Draußen wurde es lebendig. Boris Fenzlau kam mit dem Chef zurück. Mitten in der Nacht war dieser zu dem vorgeschobenen Gefechtsstand der Armee gefahren. Er war zur Lagebesprechung und zum Befehlsempfang beim Nachrichtenchef der Armee befohlen worden. Nun erschien er mit einem NS-Presseoffizier, der der Propagandakompanie die Zielrichtung unseres Auftrages übermitteln sollte.

Der gutgekleidete Schulungsoffizier ratterte seinen Vortrag herunter:

»Alles, was Millionen deutscher Soldaten heute gesehen, ist ein einziges Bild niedrigsten, sozialen Lebensstandards: Angefangen von den erbärmlichen Behausungen und verlausten Wohnungen, von den verwahrlosten Straßen, verdreckten Dörfern bis zur tierischen Stumpfheit ihres ganzen Daseins.«

Ich blickte mich im Kreis der Bild-, Film- und Wortberichter um. Ihre Mienen waren wie versteinert.

»Der Kampf im Osten bedeutet die Befreiung der Menschheit von diesem Verbrechen. Die Aufgabe der deutschen Presse wird es nunmehr sein, in einem durchschlagenden Aufklärungsfeldzug die vorstehend umrissenen Gesichtspunkte in grundlegenden eigenen Ausführungen, in der Heranschaffung von Beweismaterial in Wort und Bild und in plastischer Aufmachung herauszuarbeiten. Eine besondere Rolle wird dabei die eindrucksvolle Gegenüberstellung der menschenunwürdigen Zustände in der Sowjetunion gegenüber dem sozialen Fortschritt, dem kulturellen Hochstand und der gesunden Lebensfreude des arbeitenden Menschen im nationalsozialistischen Deutschland einnehmen. Einer guten Bildauswahl, in der die vertierten bolschewistischen Typen dem freien und offenen Blick des deutschen Arbeiters, die verdreckten Sowjetbaracken den deutschen Arbeitersiedlungen, die grundlosen Morastwege den deutschen Reichsstraßen und Autobahnen gegenübergestellt werden, kommt dabei große Bedeutung zu.«

Nun wußten wir, worauf es ankam. Es galt, nichts von der Schwere der kriegerischen Handlungen zu berichten, sondern eine politische Schwarz-Weiß-Malerei vorzunehmen. Das Gesicht von Heinz Wockenfuß, unserem Staffelführer, sprach Bände.

Nach der Verabschiedung des Schulungsoffiziers gab Wockenfuß die Befehle des Armeenachrichtenführers kurz und klar bekannt: »Die Heeresgruppe Nord ist zum Vormarsch angetreten. Unser Auftrag ist uns bekannt; wir folgen der kämpfenden Truppe und halten die Bilder der Offensive fest.« – Also doch keine politischen Klischees, sondern Aufnahmen von der Realität eines gnadenlosen Kampfes.

Glutrot kam die Sonne am Horizont empor; der Tag schlich quälend heiß herauf. Wir saßen in unserem Film-Kübelwagen, begleitet von zwei Kurieren auf ihren BMW-Solo- und Beiwagenmaschinen. Widerliche Staubwolken hüllten uns ein. Unsere Kehlen trockneten schnell aus. Die Augenlider brannten, während wir uns im gemäßigten Tempo die schnurgerade Straße entlangbewegten. Diese sogenannte Rollbahn war jetzt die

Schlagader der Armee. Sie führte uns nach Nord-Osten. Überall sahen wir Spuren der Kämpfe; niedergebrannte Gehöfte, aus dem Boden gerissene Bäume, Granattrichter. Von den ausgebrannten Holzhäusern waren nur noch die steinernen Kamine geblieben, die himmelan ragten. Immer wieder ließen wir Reinhold Wegmann den Wagen anhalten und filmten die Stätten des Grauens.

Bald kamen wir durch hügeliges, reizvolles Gelände; dann fuhren wir wieder stundenlang durch niedrigen Wald. Am Waldesrand erblickte ich eine Gruppe von russischen Frauen, die gerade damit beschäftigt war, unter Aufsicht von deutschen Soldaten Gräber auszuheben. Ich bat Reinhold Wegmann anzuhalten und sprang mit meiner Handkamera aus dem Wagen.

Am Boden lagen zwölf deutsche Infanteristen, die durch Maschinengewehrsalven gefallen waren. Den jungen Gefallenen entfernte man die Erkennungsmarken von den blutverquollenen Nacken. Den Verheirateten streifte man zusätzlich ihre Eheringe von den Fingern. Danach wurden ihre Uniformtaschen geleert und die kleinen Habseligkeiten in fein säuberliche Säckchen gelegt. »So sieht also der Heldentod aus«, sagte ich zu Reinhold Wegmann, »irgendwo in Rußlands Weite zusammengeschossen, blutverschmiert in eine Zeltplane gewickelt, schnell registriert und dann in die Grube geschmissen.« Ich war neugierig, wie dieser Bibelleser wohl reagieren würde.

Sehr ruhig und bestimmt antwortete er: »Herr Leutnant, es steht in der Heiligen Schrift geschrieben: ›Der Mensch hat keine Macht, den Geist aufzuhalten, und hat keine Macht über den Tag des Todes, und keiner bleibt verschont im Krieg und das gottlose Treiben rettet den Gottlosen nicht.‹«

Ich war erstaunt über die gute Bibelkenntnis dieses einfachen Mannes.

»Wer hat denn die Macht über den Tag des Todes?« forschte ich.

»›Der Tod ist der Sünde Sold‹, – Herr Leutnant, ›die Gabe Gottes aber ist das ewige Leben in Christus Jesus, unserem Herrn.‹ – Jesus Christus sagte es seinen Jüngern in aller Deutlichkeit: ›Mir ist gegeben alle Gewalt im Himmel und auf Erden.‹«

»Und diese Macht reicht nicht aus, das verbrecherische Treiben und dieses jahrtausendealte Morden zu beenden?« fragte ich den Gefreiten. »Irgendwo ist doch hier ein Mißverhältnis. Aber jetzt ist nicht die Zeit, Wegmann, wir wollen uns ein andermal darüber unterhalten.«

»Zu Befehl, Herr Leutnant«, sagte er, dann stiegen wir in den Filmwagen und fuhren weiter. Der Wagen schaukelte über stark ausgefahrene Vormarschwege der Armee, rüttelte durch tiefe Rinnen und sandig ausgemahlene Furchen. Wir konnten von Glück sprechen, daß der staubtrockene Boden den Rädern genügend Halt gab. Wegmann war ein ausgezeichneter Fahrer, er hielt den Wagen immer auf den Kuppen, um zu verhindern, daß die Achsen auf die Erde kamen und wir schließlich festsaßen. Dadurch kamen wir natürlich nur höchstens 30 bis 40 Kilometer pro Stunde voran.

Gefährlich wurde das Fahren beim Überholen von langen Kolonnen. Dabei kam unser leichter Geländewagen oft ins Schlingern. Öfter ließ ich den Wagen halten und filmte die nach vorwärts strebende Armee. Viele Fahrzeuge wurden von zuverlässigen Pferden gezogen. Wir überholten einen Fliegerfunkwagen, ein hochrädriges Monstrum, scheinbar ein ehemaliger französischer Verpflegungskarren. Plötzlich rutschte der Pferdewagen von der Straße ab! Ein Pferd überschlug sich dabei in den Strängen und verfing sich in einem Fernkabel, das längs am Straßenrand lag. Jetzt war die Hölle los! Die nachkommenden Fahrzeuge blieben stecken. Die Kutscher fluchten und brüllten wild. Offiziere versuchten, das Knäuel auseinanderzubringen. Mit neuen Pferden und einem zweiten Paar als Vorspann zogen die Männer von der Luftwaffe die Karre aus ihrer bedrohlich schiefen Lage.

Meine Filmkamera surrte. Ich wollte diese, zum Teil urkomisch wirkende Situation unbedingt festhalten, obwohl mir Hauptmann Wockenfuß prophezeite: »Solche Szenen werden niemals in irgendeiner Wochenschau gezeigt werden. Helden will Goebbels sehen oder bolschewistische Untermenschen.«

Weiter ging's. Wir fuhren durch ärmliche Dörfer. Sie erinnerten mich an Gemälde von niederländischen Malern wie Pieter Breughel, Adrian Brouwer, Paulus Potter, Jacob van Ruisdael und Isaak van Osteade. So mußte es wohl in der Zeit des Dreißigjährigen Krieges ausgesehen haben. Bald erreichten wir die Grenze zwischen Lettland und der Sowjetunion. Die Wege wurden zusehends schlechter und gefährlicher, außerdem war das Gebiet minenverseucht. Diese Minen galten nicht etwa uns, sondern waren zur Sicherung innerhalb Rußlands gedacht. Wir mußten also um die von unseren Pionieren aufgestellten Warnungstafeln Slalom fahren. Dann kam die eigentliche Grenze von Zentralrußland; hier hörte der Weg vollkommen auf. Wir befanden uns im ehemaligen Niemandsland. Die baltischen Staaten waren von Hitler an Stalin verschachert worden. Es war ein unheimliches Gefühl. Pioniereinheiten hatten eine Art Knüppeldamm durch den Sumpf und das unbeschreibliche Gestrüpp gelegt. Zwischen einem 30 Meter breiten Todesstreifen, einem Gebiet mit wilder Vegetation, holperten unser Filmwagen und die Motorräder voran. Nach etwa 300 Metern tauchte zwischen den Bäumen eine Kette verlassener russischer Wachtürme auf.

Weit und breit war kein Mensch zu sehen. Eine unheimliche Stille und Verlassenheit bedrückte uns. Ich ließ halten und filmte diesen gespenstischen Todesstreifen, nicht ahnend, daß sich nach diesem Krieg eine gleiche »Staatszuchthauslinie« einige Jahrzehnte durch ganz Deutschland ziehen sollte.

»Det sind die Bilder, die der Herr Reichspropajandaminister sich wünscht – Endstation Zuchthaus. Freiheit ade!« meinte mein Kamera-Assistent Franzl.

»›Freiheit ist die Einsicht in die Notwendigkeit‹, hat ein großer Deutscher gesagt«, entgegnete ich.

»Und wat is denn notwendig, Herr Leutnant?« wollte Franzl wissen.

Ich zuckte mit den Achseln: »Das sollten wir eher unseren Freund Wegmann fragen«, dabei blickte ich ihn provozierend an.

»Eine unabhängige Freiheit gibt es überhaupt nicht, Herr Leutnant«, erklärte unser Fahrer. »Niemand kann zwei Herren dienen: Entweder er wird den einen hassen und den anderen lieben, oder er wird an dem einen hängen und den anderen verachten. Man kann nicht Gott dienen und dem Satan, so etwa hat es Jesus gesagt.«

In Ruhe und Überlegenheit konnte dieser einfache Mann antworten, so klar, so logisch und auch überzeugend. Ich war einfach fasziniert von der Erkenntnis dieses Mannes.

»Bitte – da haben Sie die Antwort, Herr Unteroffizier«, sagte ich zu Franz Beck, der mich ganz verschmitzt ansah.

»Det heißt also, man kann nicht Hitler und Stalin zugleich dienen?« stichelte Franz.

»Hitler und Stalin haben mit Jesus Christus überhaupt nichts zu tun, das Reich Gottes ist nicht von dieser Welt«, konterte Wegmann.

»Wir haben trotzdem jetzt keine Zeit, über Freiheit und Unfreiheit und über Hitler oder Stalin zu diskutieren. Weiter geht's«, rief Hauptmann Wockenfuß.

Endlich kamen wir auf fest ausgebaute Straßen. Von der Feldgendarmerie wurden wir gewarnt, denn die Gegend sei noch nicht von versprengten sowjetischen Einheiten gesäubert.

Wir fuhren über hügeliges Land, durch kleine Schluchten und größere Waldstücke. Zu unserer Rechten erblickten wir im freien Gelände ein größeres Gehöft.

»Dort drüben, auf diesem Bauernhof, machen wir Quartier«, befahl Hauptmann Wockenfuß.

»Aber bitte, größte Vorsicht wegen der versprengten Sowjeteinheiten«, setzte er noch hinzu.

Durch fettes Weideland kamen wir dem Gehöft näher; kein Mensch war weit und breit zu sehen. Das massiv gebaute Herrenhaus mit den Stallungen mußte noch aus der Zarenzeit stammen. Der Hof war leer, nicht eine Katze strich umher. Auch die Ställe waren entweder ausgeplündert oder evakuiert.

Polternd stiegen wir die Treppe hoch zu den Zimmern. Die Betten waren aufgeschnitten, so daß die Federn bei jedem Schritt und Luftzug umherflogen. Manche Tür schien durch harte Soldatenstiefel eingetreten, die Schränke ausgeplündert zu sein. Der wertlose Inhalt lag zerstreut auf den Fußböden. Wir fanden im ganzen Haus nichts Eßbares, die Küche sah wie ein Schlachtfeld aus – Geschirr und Töpfe lagen zerschlagen oder verbeult in der Gegend herum.

Überall stank es, überall waren auch Haufen von Menschenkot. In manchen Gläsern sahen wir trüben Urin.

»Wer hat wohl diese Sauerei angerichtet?« fragte wütend der Hauptmann.

»Ich kann mir nicht vorstellen, daß unsere Truppen es waren . . .«, schimpfte der Chef.

Franzl frotzelte: »Also doch die sowjetischen Untermenschen? Vielleicht hat das Propagandaminsterium gar nicht so unrecht?«

»Blödsinn!« wetterte Wockenfuß. »Primitive Elendsgestalten gibt es in jeder Armee.«

»Leutnant, lassen Sie das Haus säubern! Wir wollen dieses Gehöft als unser Standquartier einrichten. Ich fahre inzwischen mit Häberle zum Hauptquartier und auf dem Rückweg noch bei der Feldküche vorbei. – Lassen Sie aber das Haus sichern, denn man weiß nicht, ob das Gebiet völlig feindfrei ist.«

»Zu Befehl, Herr Hauptmann«, sagte ich und fort brauste der Filmwagen sowie das Motorrad mit Seitenwagen. Die Fahrzeuge sollten aufgetankt werden.

Jetzt waren wir zu viert, Franzl Beck, Reinhold Wegmann, Walter Häberle und ich. Wir hatten die Aufgabe, das Haus einzurichten und die Sicherung des Gehöftes zu übernehmen. Wir waren gerade dabei, die hohen Stroh- und Heuhaufen nach versteckten Lebensmitteln zu durchstöbern, als Walter Häberle angerannt kam und fast atemlos und zitternd vor Aufregung rief: »Herr Leutnant, Kosaken greifen an! – Eine ganze Schwadron Kosaken.«

»Alle Mann zu mir!« rief ich und stieg im Herrenhaus unter den Dachstuhl, um mit meinem scharfen Fernglas die Feinde zu beobachten. Zunächst sah ich, wie ein Vortrupp von 20 Mann aus dem Wald hervorkam. Sie ritten in breiter Schützenlinie auf das Feld hinaus und hielten etwa 800 Meter vor unserem Gehöft, saßen ab und beobachteten die Umgebung nach allen Seiten. Danach kamen ca. 150 Kosaken im flotten Galopp übers Gelände. Sie hielten ihre Gewehre quer über dem Hals ihrer zottigen Pferdchen. In der Höhe ihres Vortrupps saßen sie ab und lagerten sich im Gras. Ihre Pferde begannen sofort zu weiden.

»Das hat uns gerade noch gefehlt, vier Kameramänner und Kraftfahrer gegen eine Schwadron Kosaken. Vorwärts, alle Klamotten hinüber in die Scheune! – So geräuschlos wie nur möglich, und dann in volle Deckung!«

Mit großer Geschwindigkeit packten wir alles zusammen und schlichen uns hinüber in die Scheune.

»Alle Mann im Stroh verstecken und so nah wie nur möglich an die Außenwand!« befahl ich.

Nach wenigen Augenblicken hatten wir uns wie die Ratten im Stroh verkrochen. Wir waren uns darüber im klaren, daß wir auf keinen Fall mit dieser Übermacht in irgendeinen Kampf verwikkelt werden durften. Wir deckten uns gegenseitig mit Stroh zu. Ich zupfte den Lehm und das Moos zwischen dem Balken an der

Außenwand heraus, um den Feind durch dieses Loch beobachten zu können. Sorglos hatten sich die Kosaken ins Gras gelegt, während ihre Pferde friedlich weideten.

Plötzlich kam Bewegung in die Gruppe der Kosaken! Aus dem Wald preschten drei Reiter hervor. Schnell schob ich mein Fernglas vor die Augen und erblickte einen hohen Offizier mit zwei Adjutanten. Beim näheren Hinsehen erkannte ich einen sowjetischen General. Der Kommandant der Schwadron ritt auf den General zu und salutierte mit gezogenem Degen. Ich hatte das stärkste Teleobjektiv an die Handkamera gesetzt und filmte quasi hinter den Linien der Sowjets in aller Seelenruhe.

Franzl flüsterte: »Mensch, mir laust der Affe. Det wär doch een jefundenes Fressen, wenn wa den hohen Herren jefangennehmen könnten. Valleicht der erste sowjetische Jeneral. Det jibt een Ritterkeuz.«

»Halt doch deine Fresse!« konterte ich in echtem Berliner Dialekt zurück. »Du willst wohl gleich von den Iwans durch den Fleischwolf gedreht werden?«

Während ich noch mit Franzl schimpfte, sah ich etwa dreißig Kosaken in den Sattel steigen und in breiter Front gegen unser Gehöft vorgehen.

»Auf keinen Fall schießen«, befahl ich. »Ruhig Blut, wir sind noch nicht entdeckt, denn der größte Teil der Russen bleibt ja im Gras liegen. Es fällt kein Schuß ohne meinen Befehl! Verstanden!«

Inzwischen ritten die Kosaken mit ihrem General und seinem kleinen Anhang durch das Tor in den Hof. Keine fünf Meter kamen sie an meiner Kameralinse vorüber. Unentwegt ließ ich meine Ariflex laufen. Nie im Leben werde ich wieder solche Bilder in die Kamera bekommen, dachte ich, während mir das Herz vor Angst schmerzte.

Die Kosaken suchten zunächst das Gehöft ab; mir rann der Schweiß im Nacken, an den Schläfen und den Rücken hinunter. Minuten wurden jetzt zur Ewigkeit. Der General sprang vom Pferd und klopfte dem Wallach den Hals. Das Pferd wurde nervös – ob es uns witterte? Meinen Puls fühlte ich an der Halsschlagader. Das Herz klopfte so stark, daß ich meinte, die Russen könnten mich hören.

Der General übergab einem Pferdehalter sein braunes Pferd

und schritt mit den Offizieren in das Haus. In den Wohnzimmern des Herrenhauses begannen die Russen zu lachen, offensichtlich hatten sie den menschlichen Kot in den Schüsseln entdeckt. Im Hof scharrten die Pferde.

Ich wagte kaum zu atmen. Jede Bewegung verursachte im Stroh ein Knistern. Die Hitze wurde für uns unerträglich. Im dicksten Gewühl des Heus lag Reinhold Wegmann, neben mir; er wirkte ganz konzentriert. Seine Augen glänzten, seine Hände hielt er gefaltet – er bewegte seine Lippen. Ich wußte, er betete. Eigentümlich, beim Anblick dieses Mannes wurde ich direkt ruhig. Aus ihm strahlte eine geheimnisvolle Kraft. Jetzt begann ein Stohhalm an meiner Nase zu kitzeln. Das Kribbeln wurde unerträglich. Ich kniff mir mit Daumen und Zeigefinger die Nasenflügel zusammen und massierte anschließend den Nasenrücken. Das Stroh knisterte unter meiner Bewegung. Das leiseste Geräusch schien anzuwachsen. Mein Atmen dünkte mich wie das Brausen eines Windes. Jeder Nerv fieberte – gleich werden wir entdeckt, gleich kommt unser Ende!

Vier frontunerfahrene Männer der PK-Kompanie können es niemals mit zweihundert Kosaken aufnehmen. Was würde aber geschehen, wenn unverhofft unser Filmwagen mit dem Seitenkrad zurückkäme? Wie sollten wir unsere Kameraden warnen oder ihnen Feuerschutz geben?

Am Herrenhaus öffnete sich ein Fenster, der General trat ans Fenster und schaute auf den Hof. Wieder surrte meine Kamera, jetzt konnte ich von dem Kosakenkommandeur quasi ein Paßbild machen.

Plötzlich kam unerwartet Hilfe vom Himmel her. Über das Feld jagten deutsche Tiefflieger und eröffneten das Feuer auf die ahnungslosen Kosaken. Die Pferde auf der Wiese bäumten sich auf und stürmten mit lautem Gewieher davon. Die Kosaken hinter ihnen her. Auf dem Boden der Wiese wälzten sich Verwundete, andere blieben tot liegen. Auch im Gehöft kam alles in Bewegung. Mit gezogener Pistole rannte der General aus dem Herrenhaus. Ich ließ meine Kamera unentwegt laufen. Der ganze sowjetische Stab schwang sich auf die Pferde und galoppierte übers Feld, um dem nächsten Tieffliegerangriff zu entrinnen.

Wir atmeten auf: »Junge, Junge, det war valleicht een Abenteuer – ick hab schon jedacht – meen letztes Stündchen hätte jeschlagen. Mir is richtig zum Kotzen zumute«, jammerte Franzl.

Der Häberle krabbelte auch aus dem Heu: »Jetzt isch elles vorüber – endlich könne mr unser Quartier einrichte.« Er klopfte sich die Heureste vom Uniformrock.

Reinhold Wegmann hatte sich am schnellsten gefaßt: »Wer kümmert sich denn um die verwundeten Kosaken?« fragte er mich.

»Wir sind zu viert – ich kann niemanden dazu abstellen. Außerdem könnten die geflohenen Russen jederzeit zurückkehren, dann wären wir hoffnungslos verloren!«

Vom Feld her hörte ich jämmerliche Schreie der Verwundeten. Unverhofft kam einige Minuten danach Hilfe. Aus dem Wald schwärmten deutsche Infanteristen aus; sie nahmen die überlebenden Russen gefangen und schafften die verwundeten Kosaken fort.

Schnellstens ließ ich ein weißes Laken an eine Heuharke binden, dann winkten wir unseren Kameraden zu.

Ein Leutnant mit einigen Schützen kam auf uns zu. »Wie kommen Sie denn ins feindliche Hinterland?« wollte er von uns wissen.

»Wir hatten uns in dieser Scheune versteckt, als plötzlich die Kosaken aus dem Wald kamen.«

»Meine Zeit, da haben Sie aber Gottes Schutzengel bei sich gehabt«, lachte der Offizier, »im ganzen Wald wimmelt es noch von Sowjets. Mit zwei Kompanien säubern wir dieses Gebiet. Zur Sicherung des Gehöftes lasse ich Ihnen fünf Mann hier.«

»Danke – Kamerad – wir erwarten in Kürze unseren Troß.«

»Dann schicken Sie mir meine Männer hinterher.« Damit verabschiedete sich der Leutnant und ging zu seiner Einheit zurück.

»Mit dem Schutzengel hat er unbedingt recht; wat meinste Reinhold?« wollte Franzl von Wegmann wissen.

»Ja, wenn der Leutnant nicht nur eine undefinierbare Schicksalsmacht gemeint hat. Martin Luther hat einst gesagt: ›Engel sind Gottes Diener – sie geleiten uns überall im Leben und im Sterben und schützen uns. Um ihren Schutz sollen wir Gott täglich bitten und ihm dafür danken.‹«

»Wie soll ick det verstehn?« Franzl verzog ironisch seinen

Mund. »Du jlobst doch nich etwa im zwanzigsten Jahrhundert an kleene Engelchen, die mit Spatzenflügeln um einen kleinen See herumtanzen?«

»Nein, das wäre dann ein Märchenglaube. So haben die Maler des Mittelalters uns die Engel gezeichnet. König David hat diese dienstbaren Geister Gottes anders beschrieben: ›Lobe den Herrn, ihr seine Engel, ihr starken Helden, die ihr seine Befehle ausrichtet, daß man höre auf die Stimme seines Wortes.‹«

»Nee, dat hört sich doch ooch wie'n Märchen an«, Franzl blieb hartnäckig.

Mir wurde das Gespräch irgendwie peinlich: »Verschieben wir dieses Thema doch auf ein andermal«, empfahl ich. »Außerdem sollten wir jetzt so schnell wie möglich unser Quartier herrichten.«

Bald darauf kam der Tross der Propagandakompanie mit zwei großen Lastwagen, drei Filmkübelwagen und vier Kradmeldern. Auch die Feldküche hatte uns erreicht. Mit großem Heißhunger löffelten wir die Erbsensuppe, in der große Mengen von Schweinefleisch herumschwammen. Im Herrenhaus schwirrte es nun von Wortberichtern, Bildberichtern, Kamera-Assistenten, Laborpersonal, Schreibern und anderen Technikern.

Heinz Wockenfuß hatte uns zur Regiebesprechung zusammengerufen. Zweck unserer Zusammenkunft war, einen Plan festzulegen, wie wir aus den vielen tausend Metern Zelluloid, die wir in diesen ersten Tagen des Rußlandfeldzuges gedreht hatten, einen größeren Dokumentarfilm mit dem Titel »Der Blitzkrieg im Osten« zusammenstellen könnten. Vor allem müßte ein geeignetes Drehbuch hergestellt werden. Dieser Auftrag war jetzt rückwirkend gar nicht so einfach, denn wer lieferte uns die Zwischenschnitte und den geeigneten Ton?

Wortberichter konnten, unabhängig von komplizierten Geräten, und ohne auf die Beleuchtungsverhältnisse Rücksicht nehmen zu müssen, in jeder Stubenecke einen Kampfbericht in glühenden Farben schildern. Ein Filmmann brauchte dazu, selbst unter Einsatz seines Lebens, Stunden und Tage. Ein Bildberichter drückt einfach seinen Auslöseknopf an seinem Fotoapparat und kann später den erläuternden Text dem Foto hinzufügen. Ein Filmberichter aber muß bei den Aufnahmen an die Montage und den Szenenablauf denken, wenn die Kamera läuft.

So war ich froh, schon einige Szenen gedreht zu haben, um sie als Zwischenschnitte benutzen zu können. Trotzdem wollten wir noch einiges Filmmaterial abdrehen.

»Wegmann!« rief ich.

»Herr Leutnant?«

»Hören Sie zu! Wir fahren zurück nach Dünaburg und machen Aufnahmen.«

»Zu Befehl, Herr Leutnant! Der Wagen ist aufgetankt.«

Mit Franz Beck fuhren wir zu dritt in die eroberte Stadt zurück. Wir kamen durch Orte, in denen man die grausame Zerstörungsgewalt des Krieges sehen konnte. Niedergebrannte und zerschossene Häuser, viele stehengebliebene russische Fahrzeuge, Pferdewagen, Geschütze, unzählige Maschinengewehre und Stahlhelme. An einem freien Platz stand ein seltsames Ding. Auf einem russischen Lastwagen war ein drehbares Gestell mit scheinbar acht Ofenrohren montiert – eine sogenannte »Stalinorgel«, ein sehr gefährliches Geschütz, wie sich später herausstellte. Alles wurde von mir gefilmt. In Dünaburg schauten wir uns die festungsartige Zitadelle an. Sie stammte noch aus der Zarenzeit. Neben einem groß angelegten Gouverneurspalast stand die herrliche barocke, weiße Garnisonskirche mit ihren Doppeltürmen. Die Bolschewisten hatten das Gotteshaus sowohl in ein Kino als auch in eine Turnhalle verwandelt. Nur die äußere Form der Kathedrale erinnerte noch an das alte, gläubige Rußland. Die wunderbare Inneneinrichtung des Bauwerks war ausgeplündert worden.

Als ich Reinhold Wegmann auf diesen Vandalismus aufmerksam machte, gab er mir zur Antwort: »Man kann wohl Gotteshäuser, Kirchen, Kathedralen mit dem gesamten Inventar vernichten, aber nicht den lebendigen Glauben an Jesus Christus, ›denn Gott wohnt nicht in Tempeln, die mit Händen gemacht sind‹, hat der Apostel Paulus verkündigt, als er einst die große Kulturstadt Athen besuchte.«

»Sagen Sie, Wegmann, sind Sie ein Bibelforscher oder haben Sie Theologie studiert?« wollte ich wissen.

»Nein, Herr Leutnant, ich bin nur ein entschiedener Christ, der täglich in seiner Bibel liest«, kam es ganz natürlich und bescheiden aus seinem Munde. Das geheimnisvolle Leben dieses Mannes interessierte mich von Tag zu Tag mehr.

Wieder packten wir die Kamera, das Stativ und die Filmkiste ein. Als wir in die Vorstadt kamen, verpestete ein süßlicher

Gestank die Luft. Am Ufer der Düna stand ein ausgebrannter russischer Panzer. In den Trümmern eingeklemmt lagen in Verwesung übergehende russische Soldaten. Uns wurde übel. Schnell brausten wir davon. Auf einem anderen Weg wollten wir nun unser Standquartier erreichen.

Nach stundenlanger Fahrt sagte Franzl: »Mensch, mir laust der Affe, ick jlobe, wir haben uns verirrt!« Riesige Wälder umgaben uns. Kein Mensch war weit und breit zu sehen, niemand konnte uns sagen, was hinter diesen schrecklichen Wäldern lag. Der unermeßlich große Wald wurde immer dunkler. Unsere Gewehre lagen griffbereit neben den Sitzen. Das Gebiet wurde immer einsamer, viele Baumsperren mußten wir umfahren – der nordeuropäische Urwald wurde immer unheimlicher. Wir mußten jeden Augenblick auf eine Überraschung gefaßt sein.

Bald breitete sich Dämmerung aus. Es wurde Nacht. Wir mußten anhalten und uns auf eine unangenehme Nacht im Freien einrichten.

Inzwischen war der Mond in seiner kalten Pracht aufgegangen. Hinter den wuchtigen, hohen Bäumen erzeugte er eine fantastische Szenerie. Die Mücken plagten uns bis zur Weißglut; zuweilen schlossen wir unsere Augenlider. Im niederen Gebüsch knackte es; von den Blättern tröpfelte der Nachttau. In der Ferne hörten wir gellende Abschüsse. Es war eine gespenstische Nacht.

Diese mondverzauberte Nacht und das grausam feindselige Land – welch unfaßbarer Gegensatz. Ich bekam panische Angst.

Zwischen den Büschen und Baumstämmen zog der Nebel milchig wie ein Leichenschleier auf.

Mir kamen Worte aus dem Nachtlied von Matthias Claudius in den Sinn: ». . . und aus den Wiesen steiget der weiße Nebel wunderbar.«

Ich war vom Sitzen völlig steif geworden, deshalb stieg ich aus dem Kübelwagen aus und vertrat mir die Füße. Ich knetete meine klammen Hände. Die Kühle und die Feuchtigkeit der Nacht drangen durch die Uniform und durch das verschwitzte Unterzeug. Ich spürte, wie ein Schauer über meinen Rücken lief. Franzl schnarchte leise auf dem hinteren Sitz des Fahrzeugs. Jetzt stieg auch Reinhold Wegmann aus dem Wagen. »Wie steht's, werden wir aus diesem Schlamassel gesund herauskommen?« fragte ich ihn.

»Befiehl du deine Wege und was dein Herze kränkt, der allertreusten Pflege des, der den Himmel lenkt«, deklamierte er und fuhr fort: »Der Wolken, Luft und Winden gibt Wege, Lauf und Bahn; der wird auch Wege finden, da dein Fuß gehen kann.« Dabei blickte Wegmann zum Himmel empor, als wolle er, wie Abraham, die Sterne zählen.

Es muß etwas Geheimnisvolles sein, vom Glauben so erfaßt und durchdrungen sein Leben zu gestalten, dachte ich.

Diese Hochsommernacht war kurz und empfindlich kühl. Die ersten Vögel begannen ihr trautes Morgengezwitscher. Aber dann waren noch andere Geräusche zu hören. Ein Stampfen von Pferden, ein stetes Knirschen und Quietschen von harten Rädern.

Wir konnten noch nichts sehen. Mit einem Satz sprang ich zum Wagen: »He, Franzl, aufwachen! Wahrscheinlich Kosaken im Anmarsch«, sagte ich. Franzl war im Augenblick hellwach! Beide griffen wir zu den Gewehren. Ich nahm die Knarre von Reinhold Wegmann in die Hand. Hinter einer Senke kamen zwei Pferde langsam empor, dann sahen wir einen Panjewagen, der uns hoch bepackt entgegenkam.

»Zivilisten –« raunte mir Franzl zu.

»Wir wollen vorsichtig sein. Die Russen sind oft hinterhältige Kämpfer«, warnte ich.

»Stoi!« rief ich, mit entsichertem Gewehr, indem ich auf die Russen zuging.

Die Russen erhoben ihre Hände, nur das kleinste Kind nicht, das auf dem Arm der Mutter saß. Ein kleiner, gebeugter Mann, der das Gefährt leitete, sprach mit schwerem, rollendem Akzent eines Russen: »Wir nix Soldatka –«

»Sprichst du deutsch?« fragte ich den Mann mit seinem dunklen, knorrigen Gesicht.

»Ja, ein wänig!« Er hatte vertrauenerweckende Augen, einen dunklen, langen Bart und breite, knotige Hände – seine Kleidung war schäbig und abgetragen, offensichtlich hatte ich einen Kleinbauern oder einen Arbeiter von einer Kolchose vor mir.

Die Frau, die mit ihren fünf Kindern und den wenigen Habseligkeiten auf dem Wagen saß, bekreuzigte sich.

Reinhold Wegmann, der auch herangekommen war, fragte die

Frau, indem er zum Himmel deutete: »Du beten zu Jesus Christus?«

Das Gesicht der Frau entspannte sich. Staunend, ehrfürchtig nickte sie und sagte: »Jessus Chrestos, Jessus Chrestos – alles gutt.« Danach bekreuzigte sie sich wieder.

In umständlichem Hin und Her fragte ich den Bauern nach dem freistehenden Herrenhaus, das wir suchten. Er verstand: »Ja, ich känne diese Wäg – du farren – diese Wäg.« Er zeigte uns eine bestimmte Richtung. Wir hätten diesen Weg nie gefunden; doch durch den Hinweis dieses bärtigen Mannes, erreichten wir nach zwei Stunden unser Quartier.

Als wir aus dem Wagen stiegen, klopfte ich Wegmann auf die Schulter und sagte, völlig kommentarlos: ». . . der wird auch Wege finden, wo dein Fuß gehen kann.« Mein Fahrer schmunzelte und nickte, wie selbstverständlich.

Den ganzen Tag versuchte ich, ein brauchbares Drehbuch für den Film »Der Blitzkrieg im Osten« zusammenzutellen, doch nichts gelang mir. Ich fühlte mich vor Müdigkeit wie gelähmt. Bis in die Nacht hinein schrieb ich Dialoge und teilte die Szenen ein – kurz danach zerriß ich den ganzen Kram wieder.

Am Nachmittag wurden wir plötzlich ins Armeehauptquartier gerufen. Hinter wunderbar gepflegten Parkanlagen lag ein kleines, russisches Schloß, in dem das Hauptquartier eingerichtet war. Ich atmete die reine Luft des herrlichen Sommerabends ein. Die anmutsvolle Hügellandschaft war von kleinen Bächen durchzogen. Inbrünstig quakten die Frösche. Hauptmann Wockenfuß führte uns durch die Gänge und Zimmer des Schlosses. An den Wänden hingen prunkvoll gerahmte Ahnenbilder, zur Erinnerung an die Geschichte eines zaristischen Fürsten, der irgendwo im westlichen Exil lebte.

Schnell brach die Nacht herein. Da es noch kein elektrisches Licht im Schloß gab, mußten Stallaternen her. Ihr rötlicher Schein erhellte die Säle, die mit altrussischen Barockmöbeln ausgestattet waren.

Alles schien recht romantisch. Über die Marmorbüsten huschten Schatten der hin- und hereilenden Ordonnanz-Offiziere. Auf einem großen Marmortisch lagen die Generalstabskarten ausgebreitet. Im spärlichen Licht umstanden die Stabsoffiziere der Armee den großen Lageplan. General von Manstein, der bedeutendste Stratege des Zweiten Weltkrieges, neigte sich über die Karte, in der linken Hand das Einglas an das Auge haltend. Seine Gesichtszüge erinnerten eher an einen genialen Künstler als an einen preußischen General. Sein schütteres Haar leuchtete schlohweiß. Kurz und knapp erteilte er seine Anweisungen, während die Offiziere des Stabes fleißig mitstenographierten.

Die neue Offensive war mit »Schwerpunkt rechts« vom Oberkommando der Wehrmacht befohlen, das hieß: Leningrad sollte in einer weiten Umfassung von Südosten her eingenommen werden.

Einer der Offiziere wandte ein, daß die schnellen Panzer wegen des großen Wald- und Sumpfgeländes nicht voll verwendungsfähig wären.

»Meine Herren, das OKW* hat sich auf diese Operation versteift; somit müssen wir versuchen, daraus das Beste zu machen. – Ich danke Ihnen, meine Herren, die Lagebesprechung ist beendet.«

Die Generalität verließ den Raum. Vom Nachrichtenführer und Abwehrchef der Armee erhielten wir unsere Befehle.

Im Vorzimmer hörten wir aus dem Kofferradio die Fanfarenstöße zu den Sondermeldungen aus dem Führerhauptquartier. Der Wehrmachtsbericht strotzte von optimistischen Prognosen:

» – im Zuge der vorwärtsschreitenden Operationen sind im Raum ostwärts von Bialystok nunmehr zwei sojwetrussische Armeen von allen Seiten eingeschlossen.

Trotz tagelanger verzweifelter Durchbruchsversuche zieht sich der Ring der deutschen Armeen um sie von Stunde zu Stunde enger. In wenigen Tagen werden sie entweder kapitulieren oder vernichtet sein.«

»Wir siegen uns noch zu Tode«, meinte Wockenfuß lakonisch. Danach brausten wir zurück in »unser Hauptquartier«.

Vor einem einfachen russischen Arbeiterhaus, das zu dem Herrenhaus gehörte, hatten sich Franzl und Reinhold Wegmann niedergelassen. Sie saßen auf ein paar Holzklötzen und debattierten über den Glauben. Mich interessierte das Gespräch, deshalb setzte ich mich zu ihnen.

»Die größte Sünde der Menschen ist Verzicht auf Wissen, und

* Oberkommando der Wehrmacht

weil ich diese Dummheit nicht begehen wollte, auf Erfahrung und Wissen zu verzichten, habe ich angefangen, Gott zu suchen«, erklärte Wegmann. »Dabei sind mir Menschen begegnet, die glaubwürdig erklärt haben, daß Gott lebt und sehr realistisch in ihr persönliches Dasein eingegriffen habe. Ich begann, Gottes Wort zu hören und in diesem Sinn zu beten – so fing mein Glaube an Jesus Christus an.«

Franzl rutschte auf seinem Holzkotz hin und her: »Der Jlaube is doch nur een Lückenbüßer für schwache Kreaturen, die mit ihr'n Leben nich richtig fertig werden«, polterte er provozierend los. »Det is, ick will man sagen, doch een Fürwahrhalten von Sachen, die der Mensch nich erklären kann.«

»In meinem Leben nicht, mein Glaube ist die realistische Beziehung zu einem, der lebt; denn Jesus Christus ist auferstanden und hat durch seinen Heiligen Geist in mir die Gewißheit reifen lassen, daß er mein Leben führt und lenkt.

Wegmann blieb dabei ganz ruhig, ohne Pathos; sehr sachlich waren seine Entgegnungen.

»Ich weeß nich, beten is doch irgendwie Selbstjespräch. Ick will mal sagen, denn red ick doch quasi mit meinem ›Bruder Innerlich‹; wat anderes kann et doch nich sein.«

»Für Sie wird Beten wahrscheinlich ein Selbstgespräch sein, aber nicht für mich, weil ich Gottes Stimme durch die geheimnisvolle Macht des Heiligen Geistes in meinem Gewissen vernehme.«

Es lag sehr viel Überzeugungskraft in den Worten unseres Kraftfahrers, dem Gefreiten Reinhold Wegmann, aus dessen Privatleben wir eigentlich herzlich wenig wußten.

»Jewissen, det ick nich lache, wat is denn Jewissen? – Niesche (er meinte natürlich den Philosophen Friedrich Nietzsche) hat jesagt: ›Det Jewissen is die tiefste Erkrankung des Menschen . . .‹« triumphierte Franzl und stemmte dabei seine Hände in die Taille.

»Ja«, sagte Wegmann, »Nietzsche setzte aber auch hinzu: ›Deshalb weg mit dem Wahn von Schuld und Gewissen.‹ Der Nachsatz, Herr Unteroffizier, verriet das Gewissen des Philosophen, denn er war zum Boten Gottes berufen, aber er entschied sich eindeutig dagegen und wurde zum Werkzeug des Antichristen. Darum wollte er das Gewissen abschaffen, es hinwegphilosophieren. Es durfte einfach nicht für Nietzsche in der göttlichen Form existieren.«

Ich schaltete mich in das Gespräch ein: »Sagen Sie mal, Wegmann, haben Sie Philosophie studiert?«

»Nein, Herr Leutnant, ich bin Student der Rechtswissenschaften.«

»Sie sind Jurist?«

»Ich mußte zu Beginn des Krieges mein Studium abbrechen.«

»Und als Jurastudent glauben Sie an die Aussagen der Bibel?«

»Ja, Herr Leutnant: Der Glaube ist für mich die Beziehung zur absoluten Wahrheit, und diese Wahrheit ist keine Erkenntnis, sondern diese Wahrheit ist eine Person – nämlich Jesus Christus –, wenn ich es so formulieren darf. Man kann, wenn man glaubt, viel klarer denken, als wenn man nicht glaubt.«

»Aber hören Sie, Wegmann«, ungewollt redete ich meinen Gefreiten mit Sie an, »ist der Inhalt Ihres Glaubens nicht eine schillernde Fata Morgana, eine täuschende Luftspiegelung?«

»Ganz und gar nicht, Herr Leutnant, der Glaube an Jesus Christus, das heißt, die Beziehung zu dem lebendigen Gott, ist überräumlich und überzeitlich. Deshalb kann sie von der Norm unseres irdischen Denkens überhaupt nicht erfaßt werden.«

Wegmann setzte seine Worte so gewissenhaft klar und eindringlich, daß ich aus dem Staunen nicht herauskam. Unbeirrt fuhr er fort: »Wer meint, Denken und Glauben schließen sich aus, hat entweder vom Denken oder aber vom Glauben keine Ahnung. Der Glaube ist letztlich eine Sache unseres Willens: ›Ich will, darum glaube ich, ich glaube, darum weiß ich‹, dies ist die geistliche Formel des Glaubens. Nebenbei gesagt begann jedes Wissen, jede Wissenschaft, jede Philosophie und jede Ideologie mit dieser Glaubensformel – denn der Glaube ist der erste Schritt zur Erkenntnis.«

Mir schwirrten die Begriffe durch den Kopf. Niemals hätte ich bei dem Gefreiten Wegmann soviel geistiges Wissen vermutet. Dieser bescheidene Gefreite schien uns allen so einfach und unbedeutend.

»Lieber Wegmann, verschieben wir diese Lektion auf ein anderes Mal. Ich glaube, wir müssen darüber in aller Stille noch einmal nachdenken.«

Ein leicht triumphales Lächeln glitt über das Gesicht des

Gefreiten. Damit war die Diskussion zunächst beendet. Die grausame Hand des Krieges ergriff uns wieder.

Nach kurzer Nachtruhe wurde ich vom rundum klirrenden Gefechtstroß, dem Rattern der Motoren und dem Gewieher der Pferde geweckt. Ich sprang von meinem Lager und wankte zum Fenster. Der Morgennebel überlagerte die weiten Wiesen. Aus dem dunstigen Silbergrau tauchten die Silhouetten der vorbeiziehenden Truppen und Materialwagen auf. Kommandoworte hallten über die Wege. Die Offensive kam ins Rollen. Alle Einheiten strebten den Sturmausgangsstellungen zu. Eine gleichlautende Parole wurde in den nächsten Stunden in kurzen Abständen an die Einheiten der Armee weitergegeben: Stellungswechsel! Immer wieder: Stellungswechsel!

Den Stäben wurde es nicht leicht gemacht, in ruhiger Überlegung Befehle auszuarbeiten und die Lage zu studieren. Die Nachrichtentruppen leisteten unvorstellbar rasche und genaue Arbeit beim Verlegen der Kabelleitungen, die die einzelnen Verbände mit dem Armeekommando verbanden.

Bereits um 5.30 Uhr brausten wir los und überholten in riesigen Staubwolken Panzerspähwagen und Kradschützen. Hauptmann Wockenfuß hatte sich in den Beiwagen des Motorrades gesetzt, um so schnell wie möglich die Panzerspitze zu erreichen. Der Befehl der Armee lautete: Auf schnellstem Wege zum Stab der Panzerdivision eilen, um weitere Order zu bekommen! Wir hatten unseren Wagen mit Filmmaterial und allen Kameras vollgeladen.

»Wenn nur der Motor durchhält«, sagte Wegmann. »Er bockt seit einiger Zeit. Die Kolbenstange klappert. Falls die Maschine völlig streikt, müßte Herr Leutnant in das zweite Motorrad umsteigen.«

»Valleicht hilft uns der liebe Jott«, frotzelte der unverbesserliche Franzl von hinten. »Du hast doch ’ne jute Leitung zum Himmel, Reinhold. Du jehörst doch, wolln wir mal sagen, zu Jottes Bodenpersonal.«

»Komm, Franzl, halt jetzt mal deine Klappe!« befahl ich.

»Na ja, ick meene ja nur so!« maulte der Unteroffizier.

Wegmann lenkte konzentriert den Kübelwagen durch den zerwühlten Sandweg. Wir klemmten uns in die Vormarschkolonne ein. Minutenlang hatten wir kaum 100 Meter Sicht.

Plötzlich kam alles zum Stillstand. »Los, Wegmann, überholen sie die stehende Kolonne, das ist ein Befehl!« rief ich. Die schweren Wagen hatten bereits tiefe Furchen in die Rollbahn gegraben. Mancher Fluch wurde uns hinterhergeschickt.

Dann standen wir plötzlich vor einem Posten der Feldgendarmerie, daneben ein Offizier.

»Was ist denn in euch gefahren? Hier einfach sich nach vorne vorzudrängeln?« brüllte der Kettenhund*.

»Wir sind Kriegsberichterstatter, Sonderstaffel des Armeeoberkommandos. Wir bitten um dringende Weiterfahrt!« rief ich.

Der Posten hatte begriffen. Weiter ging's durch widerliche Staubwolken. Bald danach gab es wieder eine Zwangsrast – einige Fahrzeuge kamen bereits zurück. Die Vormarschstraße war heillos verstopft. Teilweise standen die Lastwagen in drei Kolonnen nebeneinander. Um überhaupt etwas in die Kamera zu bringen, filmte ich jeden Stau. Allmählich nur löste sich der Knoten wieder auf. Der Staub wirbelte hoch; man konnte teilweise keine zehn Meter weit sehen.

Vielfach banden sich die Kradmelder Taschentücher vor Mund und Nase. Grau überkrustet kamen sie uns entgegen.

Dadurch war unsere filmische Ausbeute bis Mittag sehr gering.

»Herr Leutnant, zu unserer Linken steht die schönste Kanone der janzen Armee – nämlich die Julaschkanone. Wir könnten doch einige Filmmeter von dem ›Bockwurschthelden‹ drehen. Wolln wir doch mal sagen, dat würde doch für die Heimat een jutes Jefühl sein, wenn se wissen, unsere Soldaten werden bestens verpflegt. Und außerdem wolln wer mal sagen, würden wer valleicht ooch een Schlag aus der Julaschkanone bekommen«, philosophierte Franzl.

»Du hast recht. Wegmann, lenken Sie den Wagen in den Seitenweg. Aber langsam fahren, damit uns nicht so viel Staub in die Wurstbrühe fällt.«

Die »Bockwursthelden«, wie sie Franzl eben tituliert hatte, starrten uns etwas verdutzt an. Ich sprang aus dem Wagen. Die Küchenmannschaft stand stramm und wußte vor Schreck nicht, wie sie sich melden sollte.

»Rührt euch! Weitermachen!« befahl ich. »Wir sind Filmberichter der Propagandakompanie. Ihr sollt alle in die Wochenschau

* Soldatenausdruck für einen Soldaten der Feldgendarmerie.

kommen, damit die Heimat sieht, wie gut ihr unsere Fronttruppen versorgt.«

»Zu Befehl, Herr Leutnant«, schrie der Küchenchef. Ein breites Grinsen huschte über die Gesichter der sogenannten »Küchenbullen«. Schnell rückten die Köche ihre Mützen zurecht, ein Unteroffizier kontrollierte, ob alle Knöpfe geschlossen waren, und schon stellten sie sich in Position.

Die Feldküche, schlicht Gulaschkanone genannt, war mit ihrem feuerbeheizten, großen Kessel, dem Wasserspeicher, der Bratpfanne und der Wärmeplatte ideal geeignet, dicht an der Front zu arbeiten.

Franzl bediente die Hauptkamera, während ich bemüht war, genügend Zwischenschnitte für den großen Film zu bekommen.

»Valleicht können wer ooch mal so'n paar dampfende Würstchen, die sich in der Erbsensuppe tummeln, aufnehmen«, witzelte Franz hinterlistig.

Der Küchenchef öffnete einen beheizbaren Behälter mit den gerösteten Bratwürstchen:

»Mensch Klasse!« schnaufte Franzl gierig. »Wunderbar, wenn man diese, ick will mal sagen, rostbraunen ›Wurstraketen‹ vor die Kamera bekommt.« Während er die Kamera laufen ließ, grunzte Franzl: »Hmm! Fein, zum Hineinbeißen schön! Wann heeßt et denn: Anstehen zum Essenfassen?«

Der Küchenchef verstand: »Ausnahmsweise kann ich euch einige Würstchen mit Suppe geben. Durch Panzergranaten haben die vordersten Sturmtruppen sowieso Ausfälle gehabt, daher bleibt von der Verpflegung bestimmt was übrig.«

Mir ging's wie ein Stich durchs Herz. Weil einige unserer Kameraden gefallen waren, konnten wir ihre Verpflegung in Empfang nehmen. Ob andere auch einmal unsere Portionen erhalten würden?

Als die einfache Soldatenmahlzeit auf dem Feldtisch stand, faltete Wegmann seine Hände und schloß die Augen. Jetzt geschah etwas, was ich überhaupt nicht erwartet hatte – selbst die »Küchenbullen« wurden still – alle waren verstummt. Laut betete unser Jurastudent: »Vater, segne diese Speise und tröste die Hinterbliebenen in der Heimat mit dem Trost, den du nur geben kannst.«

Es war still, ganz still. Selbst Franzl wagte kein Wort zu sagen. Es klang, als hätten alle »Amen« gesagt.

Nach der Mahlzeit schwangen wir uns in unseren Filmwagen, und so schnell wir konnten, fuhren wir in Richtung Front. Zwischen Munitionsfahrzeugen und den Geschützen einer Panzerabwehrbatterie schlängelten wir uns weiter voran. Kradmelder und Sanitätswagen mit Verwundeten kamen uns entgegen. Das Grollen der Front wurde stärker. Die Offensive schien in vollem Gange.

Zeitweise fuhren wir, was das Zeug hielt. Der Motor machte seltsame Geräusche, aber wir wollten noch schnell etwas von der Offensive filmen. Vor uns fuhr unser Chef, Hauptmann Wockenfuß, mit den Wortberichtern und Fotografen. Wenn wir anhielten, weil wir ein paar abgeschossene Panzer am Wegesrand oder ein zerstörtes Geschütz filmen wollten, so entstand sofort ein gewaltiges Hupsignal mit dem Schrei: »Aufschließen! Keine Stockung!« Manchmal gelang es uns, rechtzeitig auszuscheren, um einige Filmmeter drehen zu können. Dann preschten wir über Stock und Stein mit dem Beiwagenkrad hinterher. Wenn wir notgedrungen zum Halten kamen, sprang ich aus dem Wagen, setzte die Kamera auf das Stativ, um die Rückzugstraße der Russen, die vollgestopft mit zerstörtem Kriegsgerät aller Art war, zu filmen. Dann kamen uns lange Kolonnen gefangener Russen in erdbraunen, zerlumpten Uniformen entgegen; hauptsächlich Mongolen, stets einen primitiven Beutel über der Schulter, teilweise sogar ohne Schuhwerk. Ein Kradschützenbataillon überholte, hart links fahrend, die schweren Lastkraftwagen.

Endlich hatten wir die Spitze der Panzerdivision erreicht. Die schweren Kampfpanzer beherrschten die Mitte der Rollbahn. Am Straßenrand, getarnt unter dichtem Laub, standen Versorgungsfahrzeuge, Schützenpanzer und Offizierswagen. Die ersten Einschläge von Artilleriegranaten kamen immer näher. Irgendwo vorne schien die Straße blockiert zu sein. Nur schwere Panzer kamen über das weite Feld.

»Wegmann, Sie bleiben mit dem Wagen hier in der Nähe der Schützenpanzer! Franzl, los, wir packen unsere Filmsäcke und Kamera und versuchen, den Panzern zu folgen!«

»Gott behüte und beschütze Sie«, rief uns Wegmann hinterher. Die feindliche Artillerie bepflasterte jetzt bereits die Panzerspitze. Wir marschierten neben den eigenen Kampfwagen her, die sich vorsichtig und im Schneckentempo immer wieder ein Stück weiter nach vorn schoben. Hauptmann Wockenfuß hatten wir bereits seit geraumer Zeit aus den Augen verloren. Im Augenblick, als mir Franzl die beiden Kameras wieder vollgeladen und eine davon »schußbereit« nebst Reservekanister in den Filmsack gesteckt hatte, explodierten etwa 100 Meter vor uns sowjetische Granaten. Ein deutscher Panzer scherte aus der Kolonne aus, tastete sich auf einen kleinen Hügel vor und richtete sein Kanonenrohr in die Richtung, woher das Feuer gekommen war. Ich schmiß mich in einen ausgetrockneten Graben und begann den Panzer zu filmen, der mehrere Schuß aus seiner Kanone abfeuerte. Ein zweiter Panzer rangierte sich mehr nach rechts in Stellung ins Gelände. Plötzlich setzte Maschinengewehrfeuer ein! Dicht neben Franzl zischte der Feuerstrahl vorüber. Andere Geschosse prallten vom Panzer ab und zwitscherten uns um die Ohren.

Wir drückten uns von Minute zu Minute tiefer in den Sandboden: »Ziiuu – ziiuu – ziiuu« zirpten die Geschoßsalven über uns hinweg, als ob uns Peitschenhiebe um die Ohren gellten. Immer wieder hörte ich meinen Ausbilder beim Grundlehrgang brüllen: »Los! Jetzt flach wie 'ne Briefmarke!«

Mit starkem Gedröhn vernahm ich einen Panzer direkt hinter uns heranfauchen. Dicht neben uns blieb das Ungeheuer stehen. Ein höherer Offizier erschien an der Turmluke:

»Mensch Meier, steigen Sie bei uns auf, bevor man Sie abknallt!« Franzl und ich rannten hinter dem Panzer in Deckung. Aus der Einstiegluke reichten uns Panzersoldaten die Hand. Zunächst ließ ich unsere Kamera und die Filmbeutel in Sicherheit bringen.

Franzl versuchte, an dem Stahlkoloß hochzuklettern. Schnell wurde er von den schwarzen Händen der Besatzung am Kragen gepackt und in den Panzer gezogen.

Mit einem geübten Satz sprang ich ihm nach, und unter allgemeinem Gelächter wurde ich auch in das Ungetüm gezerrt.

»Junge, Junge«, keuchte Franzl vor sich hin, »det war sozusajen Rettung in letzter Minute! Ick hab schon jedacht, det letzte Stündchen hätt jeschlagen.«

Ich meldete mich beim Kommandeur, einem Oberstleutnant,

und beschrieb ihm unsern Auftrag. »Es ist hier natürlich sehr eng, aber filmen können Sie quasi aus erster Hand.

Das ließen wir uns nicht zweimal sagen – wir filmten, was das Zeug hielt: Den Angriff der Panzer auf ein Dorf; den Sturmangriff der Panzergrenadiere; die Gefangenen, die mit erhobenen Händen aus den Erdlöchern und Bunkern herauskamen; die zerschossene Panzerabwehrkanone an einer Brücke und anderes mehr.

Währenddessen trafen die Nachrichten im Befehlspanzer ein, es wurden unentwegt Befehle und Kommandos herausgegeben. Wir hatten hier eine sagenhafte Ausbeute an Motiven.

An einer Straßenseite hatte eine Panzerabwehrkanone einen sowjetischen Panzerwagen, der zum Gegenangriff angefahren kam, in Brand geschossen. Der ganze Panzer war ein Feuerball, von dem turmhoch schwarzquellende Rauchwolken den Himmel verdunkelten. Neben einer demolierten Holzbrücke, die unversehrt von deutschen Panzern überrollt worden war, lag dicht unter dem äußeren Brückenanfang gedrängt ein deutscher Stoßtrupp im feindlichen Abwehrfeuer fest.

Unentwegt surrte die Kamera, während der Befehlspanzer immer wieder Stellungswechsel vornahm, um der feindlichen Artillerie nicht Gelegenheit zu geben, sich auf ihn einzuschießen.

Nach Stunden hitzigen Kampfes schienen die vorausgeplanten Ziele der Offensive erreicht. Die Luke wurde geöffnet – Offiziere und Mannschaften sammelten sich um den Kommandeur. Mit diesen letzten Bildern verabschiedeten wir uns von der kämpfenden Truppe. In einem Geländewagen erreichten wir Reinhold Wegmann und unseren Filmwagen wieder.

»Gott sei Dank, daß ihr wieder da seid«, sagte der Jurastudent, der uns noch vor Anbruch der Dunkelheit in unser Standquartier, dem alten zaristischen Herrenhaus, brachte.

Zwei ruhelose Nächte und ein ereignisreicher Tag voller Anstrengungen lagen hinter uns. Wie auf Kommando schliefen wir am Abend ein.

Schon sehr früh am nächsten Tag begannen wir, unsere Filme zu beschriften und die nötigen Bilderklärungen niederzuschreiben. Ehe die Sonne am Firmament heraufzog, brausten unsere beiden Kuriere auf ihren Motorrädern los. Diese Männer hatten die Aufgabe, das fertiggedrehte Filmmaterial auf schellstem Wege zur nächsten Kurierstelle zu bringen, von wo es nach Berlin geflogen wurde. Dort konnte das Material gesichtet und im Filmkopierwerk zur »Deutschen Wochenschau« verarbeitet werden.

Im alten Herrenhaus sah es jetzt fast »europäisch« aus. Unsere Wachmannschaften hatten in den Wohnräumen »klar Schiff« gemacht. Jetzt fehlte uns nur noch das elektrische Licht für die kurzen Sommernächte. Auf dem Hof putzte Wegmann unseren Wagen. An dem schönen, antiken Schreibtisch des russischen Fürsten sitzend, versuchte ich, endlich mit dem Drehbuch zurechtzukommen. Ich genoß die Ruhe der ländlichen Umgebung. Die hohen, bauschigen Wolken brachten ein lauschiges Schattenspiel auf die Landschaft. Eine rechte Erquickung für Herz und Seele nach den turbulenten Tagen der Offensive.

Franzl schlich ins Zimmer – unter seiner Feldbluse hielt er etwas versteckt:

»Herr Leutnant, bei einem Inspektionsgang durch det Kellerjewölbe habe ich sozusajen den schönsten Teil von det Schloß entdeckt – ick kann sajen, ne unbeschreibliche Fundgrube . . .« Dabei zog er zwei ziemlich verstaubte Weinflaschen aus der Feldbluse hervor.

»Jläser hab' ick ooch schon orjanisiert. – Unter der Wirkung des Weines wachsen der Fantasie bekanntlich Flügel . . .; denn können Herr Leutnant seinen Film, ick will mal sajen, in einem Zug durchschreiben.« Spitzbübisch holte er Weingläser aus einem Schrank, fachmännisch reinigte er die Gläser und schenkte uns ein.

Wir prosteten uns gerade zu, als Reinhold Wegmann ins Zimmer stürmte: »Der kommandierende General ist vorgefahren und sucht den Kommandeur der Sonderstaffel.«

»Los, Franz – fort mit dem Alkohol«, brüllte ich und eilte zum Zimmer hinaus.

Im grünen Salon versammelten sich die Bildberichter, die Filmmänner und Wortberichterstatter.

Hauptmann Wockenfuß gab dem General einen ausführlichen Bericht über die bisherige Arbeit der Sonderstaffel.

»Ich hätte mir ja sehr gern Ihren Film vom Blitzkrieg in Rußland angesehen, aber auf Befehl des OKW werden Sie zur Heeresgruppe Mitte versetzt, denn dort findet zur Zeit eine sagenhafte Blitzoffensive mit unvorstellbaren Kesselschlachten statt. Sie unterstehen ab sofort dem Befehl von Feldmarschall von Bock. Vielleicht haben Sie das Vergnügen, mit dem berühmten Panzergeneral Guderian in wenigen Wochen Herrn Stalin in Moskau persönlich einen Besuch abzustatten.«

Zu dieser außergewöhnlichen Begegnung sollte es sehr bald kommen, natürlich nur, was den Panzergeneral betraf.

Wir hatten gerade den Frontabschnitt der Heeresgruppe Mitte erreicht, als wir an einem vorgeschobenen Gefechtsstand der Panzergruppe 2 dem legendären Panzergeneral Heinz Guderian gegenüberstanden.

Er ließ sich eben eine Tasse Wasser reichen, als er mich fragte: »Wer sind denn Sie, Leutnant?«

Ich stellte mich als Zugführer der Kriegsberichtersonderstaffel z. b. V. der Heeresgruppe Mitte vor, mit der Bitte, den kommandierenden General der Panzergruppe 2 bei seinen Frontfahrten begleiten zu dürfen.

»Mir soll's recht sein, meine Herren, wenn Sie keine Angst haben.«

Kurz danach ging es ab an die vorderste Front. Der Panzergeneral saß im offenen Kübelwagen, begleitet von zwei Stabsoffizieren und einem Unteroffizier, der den Wagen fuhr. An einer wunderschönen Holzbrücke eines kleinen Flusses machten wir zum ersten Mal halt. In einem windschiefen Blockhaus jenseits des Flusses hatte sich der Stab einer Panzeraufklärungsabteilung einquartiert.

»Was gibt es für Neuigkeiten?« wollte Guderian von dem Kommandeur der Vorausabteilung wissen.

»Wir sind östlich von Borissow den neuesten Panzern der Sowjets begegnet . . .«

»Und . . .?« fragt der General erwartungsvoll. »Sind es nun unbezwingbare Wunderpanzer?«

»Mit unseren herkömmlichen Panzerkanonen können wir nicht viel ausrichten. Die T 34 haben eine enorme Panzerung, obwohl es noch nicht die schwersten Kampfwagen der Russen sind.«

»Wie haben Sie sich denn aus der Affäre gezogen?« wollte Guderian wissen.

»Als unsere Panzerbesatzungen merkten, wie unsicher der Russe im T 34 ist und wie langsam seine Schußfolge kommt, umkurvten wir ihn und zerschossen an der Breitseite seine Ketten. Zum Glück waren es nur zwei schwere Panzer, die die Russen einsetzten. Wenn sie im Rudel gekommen wären, hätten wir keine Chance gehabt.«

»Da haben Sie recht, Major, die Panzertaktik der Sowjets ist sehr veraltet. Hoffentlich bleiben sie noch lange Zeit bei dieser Strategie. Sie wissen, meine Devise lautet noch immer: Klotzen, nicht kleckern!«

»Die Sowjets haben sich zäh verteidigt«, fügt der Major hinzu.

Generaloberst Guderian wird sehr ernst: »Kein Wunder, ihre Devise lautet: Halten oder sterben. Wir haben es mit den besten Elitetruppen der Russen zu tun: Kadetten, Offiziersanwärter und Unteroffiziere der Panzerschule. Jetzt hat Marschall Timoschenko persönlich den Oberbefehl der russischen Westfront übernommen.«

Guderian winkt seinen Stabsoffizier mit der Karte heran: »Hören Sie, Major, die Russen haben die wichtigsten Übergänge am Dnjepr stark ausgebaut und besetzt. Unsere Einheiten waren nicht imstande, diese Flußübergänge im Handstreich zu nehmen.« Er läßt die Generalstabskarte ausbreiten. Bei seinen Ausführungen deutet er jeweils mit seinem Finger auf die Punkte:

»Ihre Aufgabe besteht darin, in dieser Frontbreite die weichen Stellen zwischen den starken Stützpunkten der Sowjets zu erkunden.« Der Major beugt sich etwas über die Karte: »Hier, bei Stary Bychow, könnte vielleicht eine schwache Frontstelle sein. Versuchen Sie, unauffällig zu operieren, und geben Sie sofort detaillierte Berichte an mich!«

»Zu Befehl, Herr Generaloberst!« Der Major schlägt die Hacken zusammen und grüßt. Während sich Guderian in den Wagen begibt, filme ich, was das Zeug hält. Aus dem Wagen rief Guderian uns zu: »Halten Sie sich an diese Abteilung, dort bekommen Sie die besten Bilder!«

Damit sind wir entlassen. Im aufwirbelnden Staub braust der Kübelwagen des Generals davon.

»Menschenskinder, der hat aber Schneid. Der fährt ja mit drei Mann janz alleen durch de Jegend, als wär' er uff'em Ku-Damm in Berlin«, staunt Franzl.

»Deshalb hoißt er au dr schnelle Heinz – des isch ebe an echter Held. I han aber koi Luscht, mit dem weider an dr vorderschte Front herumzuschongliera!« bekennt der Häberle.

Nur Reinhold Wegmann sitzt still am Steuer unseres Filmwagens und scheint zu schlafen. Ich habe es aber längst mitbekommen, daß der Fahrer, wenn er seine Augen geschlossen hält, nicht etwa schläft. Meist hält er nämlich seine Hände gefaltet.

In diesem Augenblick kommt der Kommandeur der Aufklärungsabteilung aus dem windschiefen Blockhaus heraus:

»Alles fertigmachen, wir starten sofort! In kurzer Zeit werden wir Feindberührung haben! Die Herren von der Propagandakompanie fahren in der zweiten Kolonne mit Oberleutnant Gottlieb!«

Schnell gruppiert sich die Kolonne. Der Oberleutnant steigt in den Beiwagen seines Krads. Hinter ihm fahren zwei Panzerspähwagen mit den 2-cm-Flak-Kanonen an; dann ein Mannschaftswagen mit einer Panzerabwehrkanone, danach der Nachrichtenwagen mit den Funkern. Als nächste kommen wir mit dem Filmwagen. Den Schluß bilden die Kradschützen. Die Kolonne rollt an. Zunächst schlängeln sich die Fahrzeuge durch wogende Kornfelder; über Kartoffeläcker, vorbei an Sonnenblumenfeldern bis in die Niederung eines kleinen Wäldchens. Über Sumpfwiesen stolzieren, gemessenen Schrittes, einige Störche. Ein wonnevolles Bild des Friedens; doch wir befinden uns tief in Feindesland. Am Waldrand steigen Oberleutnant Gottlieb und sein Adjutant auf einen Spähwagen. Mit scharfem Fernglas suchen sie die unbekannte Gegend ab. In der Ferne tobt die Schlacht: Abschüsse von der Artillerie sind zu hören.

Wir Kriegsberichter horchen hinein in das Rumoren des Kampfes; versuchen aus dem Klang die Stellung des Feindes zu erschließen. Ein fremder Ton schwingt da mit – ein Motorengeräusch – dumpf und grollend.

»Sind das Flieger?« frage ich Wegmann.

»Nein, Herr Leutnant, es klingt eher nach Panzern«, sagt er leise, so, als ob der Feind uns nicht hören soll.

Da grölt Oberleutnant Gottlieb auch schon vom Dach des Spähwagens: »Panzer! Schwere Sowjetpanzer! Von links!«

Ja, jetzt hören wir es ganz deutlich, das dunkle Brummen der Panzermotoren. Sie können nicht mehr weit entfernt sein. Schrill ertönt die Stimme des Oberleutnants:

»Kübelwagen, Funkwagen und Motorräder sofort ins Unterholz zurück – Panzerabwehrkanone vor! Rechts, hinter dem Gebüsch in Stellung bringen! Kradschützen zur rechten und zur linken Seite ausschwärmen!«

Mit meiner Kamera verlasse ich den Filmwagen und renne mit Franzl, der seine Fotokamera aufzieht, ins nächste Gebüsch.

Wir starren gespannt auf den Feldweg – noch immer dröhnen die Panzer. Mir geht es in die Gedärme und Füße. Wir warten zwei bis drei Minuten, da biegen zwei Panzer etwa 300 Meter voraus um die Kurve an einem Sonnenblumenfeld.

»Ruhig herankommen lassen!« ruft der Oberleutnant zu den Kanonieren des PAK-Geschützes.

Jetzt brüllt er: »Feuer frei!«

Mit hellem Knall blitzt es aus der Kanone. Wir beide liegen lang im Gras, als wären wir schon gestorben. Franzl zittert förmlich; Schweiß steht ihm auf der Stirn, der lustige Spötter schweigt.

Noch immer blitzt das grüne Mündungsfeuer des PAK-Geschützes – der Dreck spritzt vor und neben dem Panzer auf. Drohend schwenkt der Geschützturm zu uns herüber – da trifft den Giganten eine PAK-Granate in die Kanonenblende. Eine furchtbare Stichflamme schießt empor. Die Turmluke wird aufgeschlagen; schnell springen die Besatzungsmitglieder heraus und verbergen sich in der mächtigen Rauchwand. Unaufhörlich surrt meine Kamera, obwohl ich den Eindruck habe, ständig zu zittern.

»Volltreffer! Der Panzer brennt!« schreien die Kanoniere – nicht weil sie der Ansicht sind, wir würden es nicht sehen, nein, es ist wohl auch die befreiende Reaktion nach der ungeheuren Spannung.

Der zweite Panzer macht sofort kehrt, kurvt kreuz und quer übers Feld, um dem unbekannten Feind zu entkommen. Die Panzerabwehrkanone sendet dem fliehenden Kampfwagen kräftige Salven hinterher.

»Panzergrenadiere vor!« ruft der Oberleutnant. »Nehmen Sie die Besatzung gefangen!«

Wir stürzen mit ihnen über das Feld. Aus einem Feldgraben kommen uns vier Russen entgegen, ein Offizier ist unter ihnen. Immer wieder lasse ich die Kamera laufen. Jetzt springt ein Unteroffizier auf den brennenden Panzer zu, er reißt eine sowjetische Generalstabskarte kurz vor der Feuersbrunst an sich. Der Sowjetoffizier hatte sie blitzschnell verbrennen wollen.

»Mensch, wenn der Wockenfuß heute keenen Kasten Bier spendiert, dann fresse ick 'n Besen!« Anscheinend hat Franzl seine Sprache wiedergefunden. Wir sind ganz nah an den brennenden Panzer herangekommen. Wir hören, wie die schwere MG-Munition im Feuerball zerplatzt, wie die Geschosse gegen die Innenwand des Panzers prallen.

»Nur nicht zu nah an das Ungeheuer herangehen; es könnte der ganze Laden explodieren!« ruft uns der Oberleutnant zu. Im Innern des Panzers beginnt irgend etwas zu singen. Nein, es hört sich fast wie ein Stöhnen an . . . Wie ein verendender Drache röchelt der niedergekämpfte Kampfwagen. Ein klagender Sirenenton schwingt durch das Knistern und Knacken. Es mag wohl ein Kurzschluß in der Hupe sein. Es stinkt penetrant nach verbrennendem Öl und Gummi. Ich halte mit Franzl von diesem Stahldrachen, der sterbend Feuer und Rauch speit, respektvoll Abstand. Der gefangene Sowjetoffizier wird mit einem Spähwagen zum Gefechtsstand der Panzergruppe gesandt. Die erbeutete Karte brachte den ersehnten Aufschluß über die Weichstellen im sowjetischen Verteidigungssystem am Dnjepr.

Als wir bei Dunkelheit unser Aufklärungsunternehmen beenden, leuchtet noch immer der brennende Panzer gespenstisch im Kornfeld. Laufend explodiert Panzermunition.

»Gott sei Dank, es hat keine Menschenverluste gegeben«, sage ich zu Wegmann, der mit abgeblendetem Licht im Wagen durch die Dunkelheit steuert.

»Ja, man kann dem Schöpfer wirklich danken«, sagt der Gefreite ganz schlicht. Ich wußte, dieser Mann hat, während er im Wald auf uns wartete, unaufhörlich gebetet. Soweit kannte ich unseren guten Fahrer schon.

Erst tief in der Nacht finden wir den Troß der PK-Kompanie in einem einfachen Haus eines ärmlichen Dorfes. Verstaubt und abgespannt tragen wir unsere Filmgeräte und anderes aus dem Wagen. Wegmann bestaunt ein Christusbild, das an der Wand in der Bauernstube, von Blumen umkränzt, angebracht ist. Ein älteres Foto zeigt wahrscheinlich die Großeltern, die auf einem Hochzeitsfoto aus zaristischer Zeit vor der Kirche stehen.

»Es ist geradezu unwahrscheinlich, daß sich nach 25 Jahren schärfster Unterdrückung und Ausrottungsmethoden der Bolschewisten bei vielen Russen der christliche Glaube ungebrochen zeigt«, meint Reinhold.

»Das stimmt«, sagte ich zu ihm, »so etwas habe ich auch nicht erwartet.«

»Die Lehre Jesu Christi hat sich allen Systemen, jeder Ideologie, allen philosophischen Weisheiten und wissenschaftlichen Anfechtungen zum Trotz, unvermindert ausgebreitet. Man muß wohl so sagen: Je intensiver irgendwelche Machthaber versuchten, das Wort Gottes zu verlästern oder gar zu verbieten, je stärker erwies es sich als eine unüberwindliche Mauer bei der kleinen Schar der Gläubigen.«

Während er seine Uniformjacke an einen Nagel an die Wand hängt, sagt er noch: »Ja, man mußte Tyrannen, Despoten und Diktatoren längst begraben, die in ihren Weltreichen der Menschheit die Gesetze gaben – und ihre Ansichten gelten längst nicht mehr. Alles sah zu ihren Lebzeiten so unüberwindlich aus – auch heute noch. Jede Weltanschauung, jedes System hat nur seine gewisse Lebensdauer; aber die Lehre Christi wird in alle Ewigkeit noch gültig sein!« Der sonst so schweigsame, in sich gekehrte Gefreite kommt in einen, von ihm nicht gekannten Redefluß.

»Sie hätten wirklich Theologie studieren sollen«, sage ich zu ihm, ehe wir dieses Gespräch abbrechen.

In aller Eile stellen wir noch das belichtete Filmmaterial zusammen, beschriften die Büchsen und übergeben alles dem Kurier, der im Schutze der Nacht zum nächsten Flughafen fahren muß, um das Filmmaterial dort abzuliefern. Dann fallen wir alle in todesähnlichen Schlaf. Am Morgen sehen wir das kleine Dorf, in dem wir untergebracht sind. Ein besserer Feldweg bildet die »Hauptstraße«. Entlang dieser Straße hat sich Haus an Haus gereiht. Es sind triste Bauten; ein Haus wie das andere. Nirgends gibt es eine Gardine. Statt einer Kirche steht auf einem großen Platz der Dorfbrunnen mit hohen Zugbalken.

Wir haben keine Zeit für romantische Dorfbetrachtungen. Hauptmann Wockenfuß kommt mit neuesten Instruktionen vom Nachrichtenführer der 2. Panzergruppe. Die Offensive in Richtung Moskau muß zügig vorangehen. Das große Wettrennen der Panzergenerale Hoepner, Hoth, Guderian sollte beginnen. Als Generaloberst Guderian im Stabsquartier erschien, fragte er seinen Generalstabschef: »Was meinen Sie, Liebenstein, sollen wir weiter vorstoßen, ohne auf die Infanteriedivisionen zu warten? Ehe sie ran sind, vergehen zwei kostbare Wochen.«

In der Tat, die Luftaufklärung meldete starke, motorisierte Kräftegruppen nördlich von Gomel. »Deshalb, meine Herren, auf geht's und hinüber zum Feind. Morgen werden wir die Flußübergänge genommen haben, ehe die Russen Verstärkung heranbringen können.«

Schnell ist unser Wagen geladen. Franzl hat alle Kameras bestückt, Wegmann hilft ihm beim Verladen der wertvollen Geräte. Der Häberle versucht, sein »asthmatisches Beiwagenkrad« in Gang zu bekommen, um den Chef der PK-Kompanie, Hauptmann Wockenfuß, an die Front zu fahren. Die ausgefahrenen Sandstraßen sind vollgestopft: Panzer, Sturmgeschütze, Kettenfahrzeuge aller Art, schwere Lastkraftwagen, dazwischen die Kradschützen mit ihren schnittigen Motorrädern – der Staub wirbelt durch die Luft; es knirscht zwischen unseren Zähnen. Drüben brennen die Russen ihre Dörfer ab. In der Luft dröhnt und wummert es. Die Panzerdivisionen kämpfen sich von Südwesten nach Nordosten durch. In der Ferne sieht man die Drecksäulen der schweren Einschläge. Der Feind wehrt sich verzweifelt.

»Heute hab'n wir noch nich einen Meter Film verbraucht«, stellt Franzl fest. »Ick jlobe, da vorn kommen die ersten Motive für die Wochenschau!« Er holt schon meine Handkamera hervor.

In der Tat, an einer noch gut erhaltenen Schotterstraße liegen zur Rechten wie zur Linken ausgebrannte Wracks von Panzern und Kraftwagen.

Wir kommen durch elende Nester mit Brücken, die kein Stabsoffizier kannte. Die Sowjets erwarteten nicht im Traum an diesen Stellen den deutschen Panzerdurchstoß.

»Im Blitzfeldzug kommt es darauf an, den Feind dort zu treffen, wo er am schwächsten ist«, hatte Guderian seinen Stabsoffizieren immer wieder eingeschärft.

Ohne Verluste hatten die schnellen Truppen an drei Stellen den breiten Fluß überquert. Ein Pionierbataillon begann sofort mit dem Bau einer Notbrücke, die bereits am Nachmittag fertiggestellt war. Jetzt rollten unsere Truppen sehr vorsichtig über das Meisterwerk der deutschen Brückenbauer. Hier legten wir die erste Pause ein. Von allen Seiten filmten und fotografierten wir diese neu erstandene Kriegsbrücke.

Aus der Ferne sieht diese Holzbrücke wie aus Streichhölzern zusammengesetzt aus. Wenn schwere Panzer darüberrollen, ächzen und stöhnen selbst die großen Balken. Am jenseitigen Ufer, hinter einem Hügel, steht ein kleines Dorf. Ein zerschossener deutscher Panzerspähwagen liegt im Seitengraben; in hellen Flammen brennen einige Holzhäuser, während Panzerkampfwagen durch die holprige Dorfstraße vorwärtsdrängen.

Alles halten wir im Film fest. Zu Fuß schleiche ich mit meiner Handkamera neben einem Sturmgeschütz her und filme, wie Grenadiere die einzelnen Widerstandsnester in Dachluken und Kartoffelkellern säubern. Ringsumher dröhnt es – ein Surren und Fauchen von Geschossen umgibt uns. Offensichtlich wollen die Russen unseren Brückenkopf mit der neu entstandenen Holzbrücke zurückerobern. Als der Kampf anscheinend vorüber ist, beschließen wir, in einem Bauernhaus zu übernachten. Die Leute sind sehr freundlich und überlassen uns zwei Zimmer. Unseren Wagen hat Wegmann in einem Schuppen abgestellt. Unsere Uniformen hängen wir an Nägel. Wieder müssen die letzten Filmstreifen in den Büchsen verstaut werden, damit Boris Fenzlau als Kurier die neuesten Bildberichte zum Feldflughafen schaffen kann.

Im Wehrmachtsbericht hörten sich diese umfangreichen Kämpfe einfach so an:

»Freitag, den 4. Juli 1941

Trotz schwieriger Wegverhältnisse schreitet die Verfolgung der sowjetrussischen Wehrmacht auf der ganzen Front unaufhaltsam vorwärts. Der abziehende Feind erleidet durch den rücksichtslos tief in das Hinterland greifenden Einsatz unserer Luftwaffe schwerste Einbußen.

In der Mitte der Angriffsfront wurde die Beresina an mehreren Stellen überschritten. Unter dem am gestrigen Tag gesichteten Beutematerial befinden sich auch Generalstabskarten, die den letzten Aufschluß über die Angriffsabsichten der sowjetrussischen Wehrmacht geben . . .«

Bei uns neigt sich ein lebhafter Tag seinem Ende zu. In der Ferne grollt die Schlacht. Brennende Dörfer malen ihren sanften Widerschein gegen eine schiefergraue Wolkenbank, die immer wieder von den grellen Blitzen der Detonationen schwerer Artillerie zerrissen wird. Das Grollen geht die ganze Nacht hindurch. Gegen Morgen färbt sich die Wolkenbank in ein zartes Lila – ein eigenartiges, überaus schönes Farbenspiel zieht am Firmament auf.

In den nächsten Tagen schießen die Panzerdivisionen einfach an den stark befestigten Städten Orscha und Mogilew vorbei und rollen auf Smolensk zu. Stets folgen wir im furchtbarsten Feuer der Panzerspitze. Am 15. Juli rollen die Panzer des Generalobersten Hoth unter starker Luftwaffenunterstützung nördlich an Smolensk vorbei. Dabei werden die Rollbahn und Eisenbahnlinie zwischen Smolensk und Moskau von den schnellen deutschen Truppen unterbrochen. Damit ist die Stadt von jeglichem Nachschub und eventuellem Entsatz abgeschnitten. Durch das ungestüme Vorwärtsdrängen ist ein neuer Kessel gebildet, in dem 15 sowjetische Divisionen eingekesselt blieben. An vielen entscheidenden Punkten können wir filmen, ehe ein Armeebefehl uns in unser Ausgangsquartier zurückruft.

Endlich sind wir wieder bei unserem Troß. Unsere russischen Wirtsleute begrüßen uns mit einer gewissen Erleichterung. Die erste große Offensive am Mittelabschnitt der Ostfront liegt hinter uns. Nun müssen die Filme beschriftet und verpackt werden. Hauptmann Wockenfuß sitzt stundenlang hinter seiner Schreibmaschine und verfaßt, nach aufgezeichneten Stichpunkten, seine Frontberichte. Walter Häberle wird auf die Reise geschickt, um das belichtete Filmmaterial und die Frontberichte zum Feldflughafen zu transportieren.

An diesem Morgen bekommen wir Besuch. Der Nachrichtenführer einer Panzerdivision hält vor unserem Standquartier und bringt, unter Bewachung, einen gefangenen Russen mit. Er trägt eine erdfarbene, lehmverschmierte Uniform; die übliche Soldatenmütze mit dem Sowjetstern und auf dem Rücken ein kleines Bündel mit seinen Habseligkeiten. Die beiden deutschen Posten, die den Mann hereinbringen, sehen müde und unrasiert aus.

Der Nachrichtenführer der Panzerdivision, ein Hauptmann, erkundigt sich, ob wir einen guten Übersetzer haben. Der Divisionsdolmetscher sei verwundet. Einen anderen habe man trotz aller Eile nicht auftreiben können. Der Gefangene könne zwar gebrochen deutsch sprechen, für ein Verhör reiche das jedoch nicht aus.

»Scheinbar haben wir hier einen guten Fang gemacht«, sagt der Panzeroffizier. »Sie können gleich mal ein paar Aufnahmen von diesem Herrn machen.« Der Gefangene hat erklärt, er sei Politoffizier der sowjetischen Armee und wolle seine Dienste dem deutschen Militär anbieten.«

Boris Fenzlau, der Kraftfahrer, war stets unser Übersetzer. Seine Eltern stammten aus der Ukraine; er selbst spricht sehr gut russisch.

»Fragen Sie zunächst einmal, ob er sich als ehemaliger Politoffizier wirklich als Mitarbeiter in deutsche Dienste begeben möchte?«

Fenzlau spricht eine ganze Weile mit dem Russen, ohne ihn zu übersetzen. Der Hauptmann wird ungeduldig: »Nun, was sagt der Mann?«

»Er sei Major und als ranghöchster Politoffizier in einer Schützendivision tätig gewesen. Von dem bolschewistischen System sei er in letzter Zeit sehr enttäuscht. Deshalb wolle er sein Wissen und seine Erkenntnis zur Aufklärung des betrogenen Volkes einsetzen. Er wünsche aber, dementsprechend behandelt zu werden.«

Trotz der derben, slawischen Züge sieht man dem kleinen, untersetzten Offizier eine gewisse Intelligenz und seine Führerpersönlichkeit an.

Bei dem stundenlangen Verhör gibt der sowjetische Politoffizier alle seine militärischen Geheimnisse preis; daß das Oberkommando der sowjetischen Westfront gewillt sei, Smolensk um jeden Preis zu halten, denn diese Stadt sei für Rußland und seine Hauptstadt Moskau wie ein Schutzschild. Wer Smolensk habe, sei auch schon vor den Toren Moskaus. Deshalb habe General Jeremenko den Befehl zur totalen Verteidigung der Stadt gegeben. Es seien leichte und starke Bunker um die Stadt gebaut; jedes Haus, jeder Keller soll ein Widerstandsnest sein. Die Verbände der Staatspolizei und der Arbeitermiliz seien mit in den Verteidigungsplan einbezogen. Es gelte die Parole: Zu halten oder zu sterben.

Hauptmann Wockenfuß gibt Befehl, den Gefangenen gut zu versorgen. Alles wird zusammengetragen, was man nur auftreiben kann: Hühnerfleisch, auf Blechtellern serviert, sogar ans Eßbesteck wurde gedacht, an die zusammenklappbaren, kombinierten Löffel und Gabeln, wie es bei den Frontsoldaten üblich ist. Dazu gibt es Kommißbrot, Bohnenkaffee, Wodka und Schultheißbier – ein Festmenü mitten im Krieg.

Nachdem die militärischen Fragen beendet sind, kommt das Gespräch auf die unterschiedlichen Weltanschauungen. Immer stärker schaltet sich Reinhold Wegmann in die hitzige Diskussion ein. Sie sprechen über die Entstehung der Erde und das Weltall. Der Russe verteidigt mit aller Schärfe seine atheistische Ansicht:

»Der Mensch ist ein Naturwesen; er entstammt einfach aus den sich selbst erzeugenden Naturkräften und ist deshalb nichts anderes als ein Produkt der Evolution«, meint Iwan Sadko, der ehemalige Politoffizier der Sowjetarmee. »Auch das geistige Leben des Menschen, ob es sich nun um Wissenschaft oder Kunst oder auch um die Religion handelt, entstammt einfach aus den gebärenden Kräften der Natur. Alles Werden des Daseins kommt aus der sich selbst entwickelnden Natur«, meint der marxistisch geprägte Atheist. »Das geistige Leben des Menschen ist dabei nichts anderes als eine besondere Selbstdifferenzierung der Natur im Menschen durch die Arbeit, die der Befriedigung der natürlichen Bedürfnisse des Menschen dient.«

»Aber was ist der Mensch ohne Gott?« fragte Reinhold Wegmann. »Ein Zufallsprodukt der sich ständig verändernden Natur – Schall und Rauch – so vergänglich wie das Gras auf dem Feld, wie die Herbstblätter im Wind? – Wer gab einem Johann Sebastian Bach die herrlichen Melodien? – Wer schuf die Harmonie einer Symphonie von Beethoven? – Wer gab der Nachtigall die wunderbare Stimme? Alle Gesetze der Natur sollen ein Zufallsprodukt eines Urknalls sein? Können Sie das wirklich glauben?« Reinhold Wegmann entwickelt einen Eifer, als gelte es, aus einem Saulus einen Paulus zu machen. Aber Iwan Sadko gibt sich nicht so schnell geschlagen: »Der Mensch ist ein Naturwesen, ein der natürlichen Entwicklung entwachsenes Wesen, das, wie alles, sein Dasein sich selber verdankt«, behauptet der Russe.

»Wer gab dem Menschen die Gabe der Bewunderung? Wenn einer die herrlichen Berge des Kaukasus zu Gesicht bekommt, bestaunt und bewundert er das majestätische Gebirge. Weshalb kann ein Hund oder eine Katze solche Bewunderung nicht aufbringen? Es hat doch noch nie ein Pferd einen Altar gebaut. – Doch hier, mitten in einer atheistischen Umgebung, beten Ihre Landsleute den Schöpfer und seinen Sohn Jesus Christus an . . .« Dabei deutet Reinhold auf das Christusbild an der Wand.

Der Russe trinkt aus dem Feldbecher einen Schluck Wodka nach dem andern. Dabei behält er aber erstaunlicherweise einen klaren Kopf: »Daß der Mensch im Reich der Tiere zum Stamm der Wirbeltiere gehört, ist seit der Erkenntnis der Evolution in aller

Klarheit bewiesen. Ein Zweifel an der Richtigkeit ist heute kaum noch möglich.« Der Russe deutet auf seinen Körper: »Das Knochengerüst des Menschen beweist eindeutig diese Zugehörigkeit. Ebenso eindeutig ist es, daß der Mensch innerhalb des Stammes der Wirbeltiere zur Klasse der Säugetiere gehört und nicht etwa zu einer anderen Klasse, wie z. B. der der Fische, Lurche, Kriechtiere oder Vögel; denn mit den Säugetieren verbinden den Menschen eindeutige Eigenschaften, wie die der gleichbleibenden Körpertemperatur, der geteilten Herzkammern, der Milchdrüsen, der kernlosen roten Blutkörperchen, der Schädel mit zwei Gelenkhöckern, ein Zwerchfell und anderes mehr. Solche unwiderlegbaren Gleichheiten können doch nicht unabhängig voneinander entstanden sein, oder?« Der Russe breitet seine Hände aus.

Reinhold Wegmann schüttelt sein Haupt: »Diese Lebewesen sind auch nicht unabhängig voneinander entstanden. Wenn wir in die berühmte Gemäldegalerie von Leningrad gehen könnten, würden wir vielleicht drei Werke des berühmten holländischen Malers Rembrandt zu sehen bekommen – ein Jugendwerk des Meisters, ein Werk aus der Mitte seines Schaffens und ein reifes Werk des alternden Meisters. Die Wissenschaft könnte beweisen anhand der Farbzusammensetzung, des Holzes, der Leinwand oder anderer Details, daß alles zu einer gewissen Zeit entstanden ist, und wenn wir nun selber erkennen, daß zwischen dem Jugendbild und dem letzten Werk des Meisters die typischen, verblüffenden Ähnlichkeiten vorhanden sind, so würden wir doch nicht zur Annahme gelangen, daß diese Werke aus sich selbst entstanden sind.«

Wegmann hat sich völlig in Rage geredet: »Die Schöpfung Gottes ist viel kunstvoller, vollkommener und genialer als alle Werke Rembrandts. Für mich sind die gemeinsamen Ähnlichkeiten innerhalb der Schöpfung nur der Beweis, daß ein und derselbe Schöpfer am Wirken gewesen ist.«

Auf diesen Augenblick hat der Russe gewartet: »Indem der Mensch einen Schöpfer über sich anerkennt, macht er sich zum Sklaven eines anderen und vernichtet damit seine eigene Freiheit. – Er verfehlt damit notwendigerweise sein wahres Wesen und seine eigentliche Bestimmung . . .«

Auch Wegmann führt einen schnellen Schlagabtausch: »Die

Bestimmung des Menschen liegt in der wunderbaren Gabe, die Herrlichkeit Gottes zu erkennen, sie in Ehrfurcht anzuerkennen und deshalb diesen unendlichen Schöpfer anzubeten und ihm zu dienen. – Aber hier liegt der tiefe Grund der Lehre von Marx: Der Mensch darf und soll nicht von der Gnade eines anderen leben, er soll sich alles nur selber und keinem anderen verdanken.«

Hauptmann Wockenfuß, der sichtlich vergnügt den Geisteskampf des Christen mit dem Atheisten beobachtet, benutzt die kleine Gesprächspause, um den Streitern etwas nachzuschenken: »Darf ich Ihnen nachgießen? Das Reden macht durstig.«

Der Russe hält den Becher hin – Reinhold Wegmann läßt sich vom Bohnenkaffee nachschenken.

»Sehen Sie«, beginnt der Russe von neuem, »im Kapitalismus hat der Prozeß der Selbstentfremdung und Entwürdigung des Menschen seinen Höhepunkt erreicht, und dadurch wird der Mensch einfach zu einem bezahlbaren Sachwert oder nur zur Ware. Der eigentliche Wert aller Dinge wird nun das abstrakteste Ding: Das Geld. Es hat dabei die ganze Welt, die der Menschen wie die der Natur ihres eigentlichen Wertes beraubt. So hat es Karl Marx definiert: ›Das Geld ist das den Menschen entfremdende Wesen seiner Arbeit und seines Daseins, und das fremde Wesen beherrscht ihn, und er betet es an.‹ Die durch die Herrschaft des Geldes herbeigeführte Entwertung und Verwüstung verheert nicht nur die Menschenwelt, sondern auch die gesamte Natur . . .«

Der Gefreite Wegmann läßt auch nicht locker. Er streitet, als ob es um sein Leben ginge: »Das Geld ist nur ein äußerlich Ding – der schnöde Mammon, wie man es nennt. Nein – es ist die Sünde im Menschen, die alles zerstört und vernichtet. Die Entwürdigung des Menschen besteht im Mißbrauch der ihm anvertrauten Gaben, die der Schöpfer dem Menschen übertragen hat. Hier wird er Sklave der Materie und damit auch des antigöttlichen Geistes, für einen Christen heißt es: Denn selig sind, die reines Herzens sind, sie allein werden Gott schauen . . .«

Der Russe möchte das Wort Gottes nicht akzeptieren, deshalb führt er seine marxistischen Grundsätze ins Gefecht:

»Durch die Vertröstung der Elenden und Armen auf das Jenseits und die Weigerung, ihnen in ihrer jetzigen Not zu helfen, hat man das Diesseits entwertet und um jeden Sinn gebracht, es wird damit zugleich zum Schauplatz der wildesten Profitgier, Ausbeutung und Selbstbereicherung degradiert. Erst im Kommunismus wird so der Adel der Menschheit offenbar; wenn die Brüderlichkeit der Menschen keine Phrase, sondern Wahrheit ist . . .«

Jetzt schaltet sich Hauptmann Wockenfuß ins Gespräch ein: »Aber hören Sie, wir sind ja erst seit wenigen Tagen in Ihrem ›Sowjetparadies‹, aber solche Armut und grenzenlose Ausbeutung des Menschen haben wir nicht in Frankreich, auch nicht in Holland und Dänemark, auch nicht in Belgien oder Norwegen oder in Griechenland gesehen. Nach 24 Jahren Sowjetherrschaft müßte doch wohl mehr von der Würde des Menschen zu erkennen sein«, meint der Führer der Sonderstaffel der PK-Kompanie.

»Daran hat nicht die Lehre des Marxismus schuld, sondern was die hier Herrschenden daraus gemacht haben: Nicht die Ideologie, sondern der Mensch hat versagt.«

Wegmann verfolgt die Sache der Bibel: »Deshalb ist ja Jesus Christus auch wahrer Mensch geworden, um die Norm Gottes den Menschen vorzuleben. Was bedeutet die Erkenntnis dieser Wahrheit? Nichts anderes, als daß Gott gerade den gefallenen Menschen nicht fallen läßt, d. h. er will es nicht zulassen, daß er aufhört, göttlicher Mensch zu sein«, ergänzt unser Kraftfahrer. »Deshalb sagt Gott ›ja‹ zu seinem Geschöpf, das durch Jesus Christus eine völlige Erlösung annimmt und damit zum menschlichen Schöpfertum kommt.«

Der Russe hat sein ideologisches Pulver noch nicht verschossen: »Weshalb haben dann gerade christliche Staaten soviel Grauen und Kriege über diese Welt gebracht?« Lauernd wartet der eingefleischte Atheist und ehemalige Bolschewist auf die Antwort.

Sehr besonnen und selbstkritisch beginnt Wegmann: »Das wahre Wesen der Sünde ist der eigensinnige Widerstand gegen den Schöpfer, gegen seinen Sohn Jesus Christus und die Botschaft seiner Erlösung. Jeder wahre Christ ist sich bewußt, daß er der Übermacht der Sünde nur widerstehen kann, wenn er in Christus die Offenbarung der gott-menschlichen Person erkennt und in der Kraft seiner Auferstehung sich von den Werken der Finsternis lossagt.«

Wegmann schlägt an seine Brust: »Der Christ weiß, daß sein ganzes Leben in seiner Bindung an Gottes Willen, der hier schon auf Erden erfüllt sein will, bis zu seinem Tod ein ständiger, nie aufhörender Kampf gegen das Böse ist. Er weiß aber auch zugleich, daß er im Glauben an Christus gerettet ist vor der Übermacht dieses Bösen. Die furchtbare, menschenzerstörende Macht der Sünde wird endgültig unwirksam durch den Opfertod Jesu Christi. Er weiß aber auch, daß diese Sündenmacht erst dann endgültig gebrochen wird durch die Verwandlung seines Lebens in der Kraft Christi; d. h. der Christ weiß um eine andere Welt, in der allein das Gebot Gottes durch den Menschen erfüllt werden kann. Hier auf dieser Welt ist dem Christen geboten, Nächstenliebe zu üben; deshalb ist ein wahrer Christ ein Licht in dieser Welt.« –

Wegmann klopft dem Russen auf die Schulter: »Es gibt in diesem Sinne kein christliches Abendland, keinen christlichen Staat, keine christliche Kultur, keine christliche Gesellschaft, sondern nur eine christliche Gemeinde, die ja nicht mit sogenannten christlichen Institutionen verwechselt werden soll. Gerade das vermenschlichte, sogenannte Christentum hat die Lehre Jesu Christi oft in Mißkredit gebracht. Doch wird man schließlich auch noch dazu kommen, zu unterscheiden zwischen wahrem Christentum und Scheinchristentum, um einzusehen, daß man den Menschen um seinen größten Reichtum gebracht hat, nämlich durch die Ächtung des Namens dessen, dem er allen Reichtum verdankt.« Wieder legt er dem Russen seine Hand auf die Schulter: »Der Name Jesu wird erstrahlen in alle Ewigkeit; wenn Ideologien und Philosophien längst untergegangen; wenn die Namen der Diktatoren und Weltverbesserer längst vergessen sind.«

Nervös blickt Hauptmann Wockenfuß auf seine Armbanduhr: »Meine Herren, es wird bald Morgen. Wir wollen jetzt das Gespräch unterbrechen.«

Durch die Bretterwand hört man die Stimme von Franzl, dem Ur-Berliner: »Mensch, Reinhold, du bist een Schenie. Man könnte jloben, du wärst Professor. – Du hast den Bolschewisten janz schön in de Pfanne jehauen. Man kann richtig stolz auf dir sein!« – Dann wird es still im Bauernhaus. Nur die regelmäßigen Schritte der Doppelposten vor dem Haus und das Wummern in der Ferne sind noch zu hören.

Obwohl es schon bald Morgen war, lag ich noch lange wach. Im kleinen Raum herrschte ein muffiger Gestank. Nun lag ich hier auf

Stroh, in irgendeiner russischen Bauernkate, obwohl ich eine Fahrt nach Rußland nie gewünscht hatte. Wie das Leben mit einem spielt, dachte ich. Laufend erinnerte ich mich an das Gespräch des russischen Politoffiziers mit Reinhold Wegmann. Hauptmann Wockenfuß hatte die Diskussion so schnell abgebrochen, weil unser Kraftfahrer alle Diktatoren und deren Ideologien als schnell vergänglich bezeichnete. Damit hatte er natürlich auch unsere Weltanschauung in Frage gestellt und somit auch Hitler. Während ich mich durch ständiges Kratzen der Flöhe und Läuse erwehren wollte, ließ mich das überzeugende Gespräch meines Kraftfahrers nicht los.

»Himmel und Erde werden vergehen, meine Worte nicht«, hatte Jesus vor fast 2000 Jahren gesagt. Hier in Rußland, unter der Last der bolschewistischen Ideologie und der Verfolgung, blieben wirkliche Christen ihrem Glauben treu. Man sah auch viele junge Menschen ihr Gebet sprechen oder in der Bibel lesen.

Wie hatte Wegmann gesagt: »Sünder sein, das ist das eine. Das andere aber ist das Wissen, daß diese Welt von Gott geschaffen ist und daß sie erlöst werden soll. Gerade darauf beruht des Christen Glaube und Auftrag, aber auch die Verantwortung für seine Mitmenschen, und deshalb bezeugt er die herrliche Freiheit durch den Gnadenakt von Golgatha in aller Freude jedem Menschen, zu jeder Zeit und unter allen Umständen.«

Sollte das Christentum oder besser gesagt, die Botschaft Jesu, doch mehr als eine Religionslehre sein?

Draußen kläfften die Hunde; das Grollen der Schlacht war unvermindert in der Ferne zu hören. Wie gut ging es den Männern von der Propagandakompanie, auch wenn uns Läuse, Schaben, Flöhe und Mücken schrecklich zusetzten. Ich dachte an die Kameraden, die irgendwo in einem modrigen Schützenloch, umgeben von Ratten und Mäusen, ständig bedroht durch Artilleriegranaten und Maschinengewehrbeschuß, die Nacht verbringen mußten.

Zum erstenmal überkam mich so etwas wie Dankbarkeit. Ich faltete meine Hände und sagte leise: »Lieber Gott, ich danke dir für das Dach über dem Kopf und für das Strohlager in diesem Bauernhaus.« Bald danach muß ich wohl in tiefen Schlaf gesunken sein.

Am Morgen erwache ich bei furchtbarer Gewitterschwüle.

Unter meiner Zeltplane schwitze ich während des Schlafens. Endlich beginnt das mächtige Grollen. Blitze zucken durch die Luft, wie ein rauschendes Trommelfeuer entlädt es sich aus der elektrisierten Gewitterfront. Wir empfinden es alle wie eine Erlösung; doch die Schwüle bleibt. Zum Waschen und Rasieren schöpfen wir nach dem herrlichen Regenguß mit dem Kochgeschirr aus einer Tonne Regenwasser. Die Kaffeeholer sind schon zurück, und bald sitzen wir an einem großen Feldtisch und beginnen unser Morgenessen. Wegmann spricht ein Tischgebet. Der Russe sitzt neben ihm und starrt ihn sehr amüsiert an. Die Bevölkerung des Ortes, meist Frauen, kommen die Dorfstraße entlang, um vom Brunnen Wasser zu holen. Man sieht teils recht hübsche und adrett gekleidete Mädchen, wenn auch mitunter im Mantel, mit Handtasche und barfuß oder mit einem Bündel auf dem Rücken. Auch einige Bauern fahren auf ihren winzigen Panjewagen, in zerlumpten Feldmänteln oder Leinenkitteln durch den Ort. Die Frauen tragen ihre typischen Kopftücher. Wegmann beginnt von neuem mit der Diskussion, Fenzlau übersetzt schnell wie ein Maschinengewehr:

»Worin besteht der Anspruch des Marxismus an den Menschen? Was ist seiner Meinung nach das Heil, das er den Menschen bringen will? Worin besteht seine Anklage gegen das Christentum? Doch im Grunde nur darin, weil eine herrschende Klasse, die in Saus und Braus lebte und die Menschen, entgegen dem Willen Gottes, ausbeutete, sich als eine christliche Gesellschaft verstand, obwohl ihr Handeln absolut nicht mit der Lehre Jesu in Einklang zu bringen war.«

Der Russe scheint heute bei weitem nicht so aggressiv wie am Vortag: »Wir reklamieren den Inhalt der Geschichte, aber wir sehen in der Geschichte nicht die Offenbarung Gottes, sondern die des Menschen, und zwar nur des Menschen«, sagt er lächelnd und erfreut sich an dem deutschen Kommißbrot, wie auch an den anderen Lebensmitteln.

»Ja«, sagt Wegmann darauf, »der Mensch, den Karl Marx meint, ist der von Gott gelöste Mensch. In der Bibel ist er der aus dem Paradies vertriebene Adam. Adam, der unter dem göttlichen Fluch steht und im Schweiße seines Angesichts sein Brot essen muß, weil er an den von Gott verfluchten Acker, nämlich an diese Erde, gebunden ist. Das ist der Mensch, der diesen Acker bebauen muß, um nicht zu sterben. Der aber dann doch stirbt, weil eben der Fluch seines Sündenfalls den Tod bringt. ›Der Tod ist der Sünde Sold, die Gabe Gottes aber ist das ewige Leben‹«, setzt Wegmann noch hinzu. Dann fährt er fort: »Der Mensch gestaltet doch die Geschichte. Weshalb ist es ihm denn seit Jahrtausenden noch nie gelungen, eine menschenwürdige Harmonie herzustellen? – Doch nur wegen seiner egoistischen Fehlleistung oder, so wie es im Wort Gottes geschrieben steht, wegen der Sünde. Da hilft auch keine politische Bewußtseinsänderung, keine Selbstkritik. Keine noch so glänzende Philosophie oder auch Ideologie ist imstande, die Sünde zu überwinden. Des Menschen Bosheit bleibt immer wieder groß, und das Trachten des menschlichen Herzens ist böse von Kindheit an.«

Der Samowar summt – immer wieder füllt man sich den würzigen Tee nach. Der Russe gibt zu bedenken:

»Sie müssen mir doch Recht geben, wenn ich behaupte, daß aus den unzähligen Predigten der Pfaffen und Priester nie etwas anderes entstanden ist, als letztlich der Tod. – Was bedeutet das? Durch die Lehre der Bibel ist bis auf den heutigen Tag alles beim alten geblieben. Das Böse triumphiert, obwohl das Christentum fast 2000 Jahre existiert, immer noch, und das ersehnte Gute versinkt im Nichts. Die moderne Wissenschaft wird aber einst imstande sein, den Tod zu besiegen und damit auch die Notwendigkeit einer Erlösung aufheben. Wenn es der Wissenschaft gelingt, den Tod zu beseitigen, dann haben wir Gott endgültig ausradiert!« Der Atheist glaubt, damit seine Zuhörer überzeugt zu haben.

Reinhold Wegmann scheint für alles eine Antwort parat zu haben. Unbeirrt fährt er fort: »Die Überwindung des Todes ist und bleibt ein Wunschdenken der Menschen, weil ja auch alles Leben absolut sinnlos wäre, wenn der Tod das letzte Wort behielte. Wäre dies der Fall, dann gäbe es wirklich keinen Gott und kein ewiges Leben, das stärker wäre als der ständige Prozeß der Verwesung. Dann würde der Hauptinhalt der Weltgeschichte auch Mord und Totschlag – Krieg und Kriegsgeschrei, Unterjochung, Drangsalierung und Ausbeutung bleiben. Gäbe es keinen Gott, dann könnte es keine wahre Liebe zum Nächsten, zum Bruder und zum Genossen geben. Die Liebe ist das Wesen unseres Christengottes. Sie allein bewirkt das harmonische Zusammenleben der Menschen untereinander. Nicht der Haß, das Zerstörerische – sondern die Liebe, das Gute und Aufbauende sollte die Menschen lenken und erfüllen. Nur durch die Liebe ist es möglich, geschehenes Unrecht zu vergeben, Tränen über dem Leid zu stillen und Frieden zu stiften. Nur der, der Liebe übt, wird auch von anderen geliebt werden.«

Wie gebannt sitzen alle am Tisch – Hauptmann Wockenfuß neben dem Russen Iwan Sadko, Walter Häberle und Franz Beck, während Boris Fenzlau zwischen den Sprachen vermittelt.

Reinhold Wegmann vergißt dabei sein Frühstück. Er scheint vom Predigen satt zu werden:

»Deshalb hat Jesus auch dem bekannten Pharisäer Nikodemus die endgültige Lösung aus dem Teufelskreis der Vernichtung gezeigt, und zwar mit den Worten: ›Denn also hat Gott die Welt geliebt, daß er seinen eingeborenen Sohn gab, damit alle, die an ihn glauben, nicht verloren werden, sondern das ewige Leben haben.‹«

Der Russe schießt wie mit einer Maschinengewehrsalve dazwischen: »Wie soll einer ewiges Leben haben, wenn er von faschistischen oder bolschewistischen Kugeln durchbohrt wird?«

»Indem er in der Spanne seines Lebens durch den Glauben an den Sohn Gottes das Wunder einer Neugeburt erlebt. Dieses neue Leben kann durch den Tod nicht beendet werden. Jesus erklärt es: ›Es sei denn, daß jemand von neuem geboren wird, so kann er das Reich Gottes nicht sehen.‹«

Die theologische Debatte hat auch unseren Kompaniechef erfaßt: »Aber wie sieht denn diese neue Geburt ganz praktisch aus, mein lieber Wegmann?«

»Dieser neue Mensch erweist sich in einem neuen Leben der Liebe, in einer völlig neuen Beziehung zu Gott; aber auch zu seinen Mitmenschen. Diese neue Beziehung besteht vor allem andern in der Kraft der Vergebung. In der vergebenden Liebe zum Nächsten, dank der Vergebung unserer eigenen Sünde, während wir im Glauben an Christus gewiß werden. Ja, durch solche Liebe wird überhaupt der andere Mensch für uns erst zum wirklichen Nächsten. Sein zeitliches Dasein wird nicht mehr ideologisch betrachtet oder politisch als ein Opfer hochtrabender, unrealistischer Ideen vergewaltigt, sondern das Innere des Menschen wird durch den Geist Gottes zu einem neuen Wesen umgewandelt. Solche Kraft der Vergebung kommt aus dem Wissen der eigenen Schuld gegenüber anderen Menschen und Gott.«

Der Krieg scheint vergessen. Wer diese morgendliche Tischrunde beobachtet, könnte meinen, es sei Frieden. Nur an den schäbigen Felduniformen der Männer kann man erkennen, daß Krieg ist. Es herrscht auch draußen eine köstliche Stille. Kein Schuß, kein militärisches Brüllen – scheinbar herrscht Frieden.

Doch dann – urplötzlich heult es heran: Wuiiiii – sssiis – wumm! Die Dorfstraße ist plötzlich nur ein einziges Brüllen, ein Schreien – ein roter Blitz! Die Erde reißt auf! Erd- und Staubfontänen verhüllen den sonnenhellen Morgen. Dicht neben dem Ziehbrunnen schlägt es ein . . . Ein riesiges Loch klafft im Boden. Glühende Splitter surren durch die Luft. Wir werden von unseren Stühlen gehoben und übereinandergeschleudert. Der Russe, Wegmann und Boris Fenzlau fallen über mich. Wir ringen nach Luft und wollen schreien. 200 Meter vom Haus entfernt ist das erste Teufelsei niedergegangen. Irgendein sowjetischer Artilleriekanonier hat von einem Punkt der zehn Kilometer entfernten Front das Dorf anvisiert und mit seinem Langrohrgeschütz beschossen und auch getroffen. Die Granate fegte über alle Stellungen, Transporte und Panzer in die Mitte des Dorfes.

Zwanzig Menschen sind verletzt, vorwiegend Zivilisten – die Ruhe ist dahin – es lebe der grausame Krieg!

Sanitäter eilen durch die Dorfstraße und leisten Erste Hilfe. Ein Melder vom Gefechtsstand der Heeresgruppe erreicht uns. Kurze Zeit danach versammelt Hauptmann Wockenfuß seine kleine Mannschaft um sich:

»Meine Herren, wir haben Befehl, der dritten Panzerdivision zu folgen. Lassen Sie die Wagen fertigmachen! – Abmarsch in einer Stunde!«

Wieder werden die Filmkisten, Kameras und Stative verpackt.

Häberle schimpft wie immer auf sein asthmatisches Beiwagenkrad – die Kolbenstange klappert immer noch. »Wenn des dr Adolf wüßt, mit welch schandbare Karre mir herumschludera müsse und mir kämpfet ja mehr gegen die Tücken dr Technik, als gegen die Feinde.«

Wegmann hat unser Gepäck fachmännisch verstaut. Er kann nicht nur predigen, auch als Kraftfahrer ist stets Verlaß auf ihn.

Die Hitze treibt uns schon nach einer Stunde Fahrt den Schweiß aus den Poren. Der weiße Staub, der die schrecklichen Wege überzuckert hat, steigt in dicken Wolken empor. Er legt sich auf die Gesichter, kriecht unter die Feldbluse bis auf die Haut; bedeckt die Kübelwagen, Schützenpanzer, Sanitätsfahrzeuge und die Stahlhelme der marschierenden Infanterie. Es knirscht zwischen den Zähnen, brennt in den Augen, reizt die Lungen. Dieser Staub ist fürchterlich, fein wie Mehl und alles durchdringend.

Den russischen Politoffizier haben wir bei einem Stab abgegeben. Boris Fenzlau wird wieder als Übersetzer gebraucht. Er hat sich ein seidenes Taschentuch als Mundschutz umgebunden. Bei der Durchfahrt einer kümmerlichen Dorfstraße entdecken wir auf der sandigen Piste den Kommandeur der dritten Panzerdivision, Generalleutnant Model, ein kleiner, schmaler Mann im Ledermantel. Umgeben von seinen Stabsoffizieren und Ordonnanzen ist er im Begriff, auf einem Block Befehle zu unterschreiben. Dieser Mann strahlt die Tatkraft eines draufgängerischen Truppenführers aus; aber auch die kühle, abwägende Überlegungskraft eines Generalstabsoffiziers. Vor ihm steht ein Offizier mit einer großen Kartenmappe unter dem Arm. An dem starken Befehlskübelwagen lehnt der Fahrer. Die anderen Offiziere bilden einen Kreis um den Panzergeneral. Ein größerer Befehlsmannschaftswagen hat eine starke Antenne ausgefahren.

Hauptmann Wockenfuß meldet sich beim Nachrichtenoffizier der Division. Häberle stößt Franzl an: »Dem kloina Ma spürt man's aber a, des isch an kuraschierter General!« Die Ordonnanzen kommen und gehen. Unablässig werden Meldungen aus dem Funkwagen überbracht. Bald setzt sich die Führungsstaffel der dritten Panzerdivision in Bewegung. Vornean fährt General Model im Kübelwagen; der Funkwagen, Meldekraftfahrer, ein Panzerspähwagen und die übrigen Wagen der Stabsoffiziere folgen ihm. Franzl und ich haben alles fotografiert. Die Wagen quälen sich durch den weichen Staub. Die marschierenden Truppen schimpfen, wenn die Kolonne vorbeibraust und der Staub die geplagten Landser noch zusätzlich in undurchdringliche Wolken einhüllt. Links am Wege entdecken wir eine alte Bockswindmühle. Die Führungsstaffel überquert eine Bachbrücke und biegt, auf Befehl des Generals, in ein Stoppelfeld ein. Wir überholen die Kolonne, halten an der Mühle und zerren unsere Kamera heraus, um die Ankunft der Führungsstaffel zu filmen. Die Stabsoffiziere breiten ihre Karte auf dem unebenen Boden aus. Am Funkwagen wird die starke, hohe Antenne ausgefahren. Wieder versammeln sich die Offiziere des Stabes. Ein Kommandeur eines Panzerregiments meldet sich zur Berichterstattung.

»Wo stehen Ihre Vorausabteilungen?« fragt der General. Der Oberstleutnant deutet auf die Karte: »Hier, 20 km vor dem Djesnatal ist meine vorgeschobene Panzerspitze, Herr General.«

»Wie weit haben wir es noch bis Nowgorod?« will der General wissen. Ein Stabsoffizier mißt die Strecke mit einem Zirkel ab: »Knappe 35 km Luftlinie, Herr General.«

»Das sollten wir doch heute noch schaffen, was meinen Sie, Lewinski?«

Der Kommandeur in der schwarzen Panzeruniform wiegte leicht mit seinem Kopf: »Das Tal wird gewiß nicht feindfrei sein. Es kommt auf den Russen an, Herr General.«

Im Funkwagen summt und zwitschert es ununterbrochen. Ein Funker springt heran und bringt die Meldung: »Die Vorausabteilung des sechsten Panzerregiments meldet hartnäckigen Widerstand vor Nowgorod. Der Russe ist bemüht, vor den Brückenübergängen massiv jeden Angriff abzuwehren.«

Model blickt den Regimentskommandeur an: »Das ist verständlich. Ich habe mir die Luftaufnahmen der Divisionsaufklärungsstaffel sehr genau angesehen. Das Flußtal bietet ein gutes, natürliches Hindernis. Der Russe will unter allen Umständen die Djesnafront verteidigen. Man muß die riesigen Brücken einnehmen, um über die versumpfte Flußniederung in die Stadt zu gelangen. Die große Straßenbrücke bei Nowgorod ist 700 m lang, die kleine Fußgängerbrücke ein wenig kürzer. Diese beiden Holzbrücken sind Gold wert – sie sind noch nicht gesprengt. – Also, meine Herren, eine dieser Brücken sollten wir unzerstört in die Hand bekommen. Oberstleutnant, Sie wissen genau wie ich, daß wir sonst Tage, ja vielleicht auch Wochen brauchen, um den Fluß zu überwinden. Vorwärts – ehe die Russen die Flußübergänge zerstören!«

Der General legt kurz seine Hand zum Gruß an den Mützenschirm.

»Wir werden alle Kraft daransetzen, Herr General«, salutiert der Regimentskommandeur.

»Noch eins, Lewinski! Nehmen Sie die Männer der Propagandakompanie mit. Die schießen nicht, machen aber hübsche Fotos von dem gräßlichsten Geschäft der Menschheit!«

Kurz werden wir durch Hauptmann Wockenfuß dem Regimentskommandeur vorgestellt – dann brausen wir ab.

Die Vormarschstraße ist heillos verstopft – deshalb wählt der Panzerführer viele Nebenwege. Er scheint dieses Gebiet schon zu kennen. Durch unendlich scheinende Wälder bewegt sich unsere kleine Kolonne. Über uns brummen die Schlachtflieger und Aufklärer. Der Gefechtslärm schwillt an. Nach zwei Stunden Fahrt erreichen wir die Panzerspitze. Die Sowjets haben das Flußtal mit Verteidigungsanlagen gut ausgebaut. Wir blicken durch das Fernglas auf die westliche Seite. Auf einer Anhöhe liegt die altrussische Stadt Nowgorod Sewerskij. Ein herrliches Panorama. Die vielen Türme der Kirchen und Klöster – eine typisch russische Landschaft voller Sehnsucht und Schwermut. Im Tal leuchten die heißersehnten Holzbrücken. Auf den Höhen, jenseits des Tales, feuert die russische Artillerie unentwegt.

»Tieflieger von rechts!« schreit Boris Fenzlau. Wegmann legt den Rückwärtsgang ein und fährt den Wagen in das Unterholz des Waldes. Sehr tief überfliegen die sowjetischen Schlachtflieger das Flußtal und stürzen wie Habichte auf alle erkannten Ziele der deutschen Voraustruppen.

Wie erstarrt bleiben wir in unserem Versteck und verfolgen den hitzigen Luftkampf. Da kommt eine leichte Flakbatterie heran und bringt ihre Geschütze in Stellung. Jetzt springen wir zum Wagen und holen unsere Kameras. Endlich kommt uns eine militärische Aktion direkt vor die Kamera.

»Jebt dem Iwan Zunder!« schreit Franzl begeistert zu den Flakkanonieren hinüber. Die Tieflieger drehen ab. Dafür beginnt die russische Artillerie jenseits des Flusses, sich einzuschießen. Und wieder heißt es: Stellungswechsel!

Der deutsche Angriff auf der Brücke bleibt an den breiten Panzergräben im Tal liegen. Der Sturm auf die Brücken wird auf den nächsten Morgen verschoben. Wir fahren auf einem tief versandeten Waldweg zurück und finden abseits eine ziemlich zerfallene Waldhütte, in der wir uns, so gut es geht, für die Nacht einrichten.

»Heute hab'n wir aber wenig Bilder vom jräßlichsten Jeschäft der Menschheit jemacht«, stellt Franzl fest. Den Ausspruch des Generals hat er sich gut gemerkt.

»Zum Fressen jibt es ooch nischt! Na denn, Prost Mahlzeit!« – Er reißt sich die Stiefel von den Füßen und schmeißt sie in die Ecke.

Fenzlau und Wegmann schieben vor der Hütte Wache. Hinter den Baumstämmen wird es heller. Langsam und feierlich schiebt sich der Mond empor. In der Ferne schreit ein Käuzchen.

Mir kommt wieder das deutsche Abendlied in den Sinn: »Der Mond ist aufgegangen, die gold'nen Sternlein prangen am Himmel hell und klar. Der Wald steht schwarz und schweiget, und aus den Wiesen steiget der weiße Nebel wunderbar.«

Wirklich, in der feuchtkalten Nacht haben sich bleiche Bodennebel aus dem Tal erhoben und ziehen geheimnisvoll durch das Unterholz des Waldes. Der Gefechtslärm ist völlig abgeflaut; nur hin und wieder segelt eine feindliche Leuchtrakete über die deutschen Stellungen.

Um vier Uhr weckt uns Hauptmann Wockenfuß. Langsam geht die frische Frontnacht in blaugraue Verschwommenheit über. Noch immer liegt schmutzig-bleicher Bodennebel über dem Tal. Wir suchen den Gefechtsstand des Panzerregiments. Um fünf Uhr beginnen die deutschen Batterien, mit schweren Kalibern die Panzerhindernisse im Tal sturmreif zu schießen. Wir werden den Stoßtruppen zugeteilt.

»Wegmann, Sie fahren mit unserem Wagen und den Krafträdern zurück in den Wald«, kommandiert Wockenfuß.

»Vergiß uns nicht! Du hast doch schon immer een' heeßen Draht zum lieben Jott jehabt.« Franzl klopft dem Fahrer Wegmann kameradschaftlich auf die Schulter. In seiner Berliner Art sich auszurücken, liegt bei weitem keine Ironie.

Sofort klettern wir in die Schützenpanzer. Die Panzergrenadiere blicken uns gleichmütig an. Ein Panzerrudel flankiert uns. Um uns zischen und zwitschern die feindlichen Geschosse. Wir fahren an. Kurve nach rechts, Kurve nach links – wieder und wieder bleibt der Wagen stehen. Der Schütze am SMG* schießt auf die feindlichen Stellungen. Dann hören wir eine starke Detonation. Wir heben unsere Köpfe über die Panzerwand – die kleine Brücke

* schweres Maschinengewehr

neben uns haben die Russen in die Luft gesprengt. Unsere Kettenfahrzeuge drängen sich über die grundlosen Wege im Flußtal. Plötzlich sind wir in eine zurückrollende Kolonne der Russen geraten. Vor uns ein sowjetischer Lastwagen, hinter uns ein leerer Mannschaftswagen. Ich wage es, über die Köpfe unserer Grenadiere hinweg, diese Szene festzuhalten. Franzl stützt mich, damit die Bilder nicht zu sehr verwackeln.

Vor uns liegt die große, 700 m lange Brücke. Der Mann am MG schreit: »Sie steht noch!« Ein Oberleutnant brüllt: »Vorwärts – mit aller Kraft voran!«

Der Schützenwagen klappert über die Holzbrücke. Doch dann bleibt das Fahrzeug stehen. Die Panzergrenadiere springen mit ihren Maschinenpistolen vom Wagen und vertreiben die Brückenwachen.

»Herr Oberleutnant – die Zündleitungen rechts und links!« schreit jemand. Überall stehen Sprengkörper. An den Balken hängen zusätzliche Benzinkanister – die Pioniere zerschneiden die Zündleitungen und die Befestigungen am Brückengeländer. Klatschend fallen die Brandgefäße in den Fluß. Ich halte mich mit Franzl dicht an der Außenwand des Schützenpanzers. Die Kamera surrt unentwegt. Die Luft ist erfüllt vom Krachen der Granaten, vom Bersten der sowjetischen Schrapnelle.

Ein Unteroffizier läßt einen tierischen Urwaldschrei los. – Alle sehen es! Mitten auf der Brücke liegt ein rechtes Teufelsei – eine russische Fliegerbombe. Der Oberleutnant stürmt auf sie zu. Im furchtbarsten Feindfeuer schraubt er energisch den Zeitzünder heraus.

»Menschenskinder, der hat Nerven wie Drahtseile!« keucht Franzl neben mir.

Vier, fünf Mann rollen das Monstrum an den Brückenrand. »Alle aufsitzen und weiter bis ans Ende der Brücke!« befiehlt der Oberleutnant. Im Nu sind die Panzergrenadiere mit uns wieder hinter den Stahlwänden der Schützenpanzer verschwunden. Die Motoren heulen auf – rasselnd klappern wir weiter. Franzl wechselt die Filmrollen und verstaut das belichtete Material in den Filmsäcken. Endlich, endlich sind wir am Brückenende! Wie lang doch 700 m werden können, wenn man ständig in Todesgefahr schwebt. Mir rennt der Schweiß unter dem Stahlhelm am Nacken über die Schultern ins Hemd.

Als die Russen begreifen, daß die Deutschen die Brücke schon erobert haben, kommen sie mit Sprengkommandos heran. Vierzig bis fünfzig russische Pioniere. Sie tragen Benzinkanister und Sprengladungen – sie schleichen sich an die Brücke und klettern ins Gebälk. Wieder lasse ich meine Handkamera laufen.

Von einer anderen Seite werden die Russen unter Maschinengewehrfeuer genommen. Verschiedene Benzinkanister explodieren. Ich liege neben einem Panzergrenadier und filme, was das Zeug hält. Auch die deutschen Pioniere kriechen unter die Brücke und entfernen die grünen Gummibeutel mit hochexplosivem Sprengstoff. Wütend versucht die russische Artillerie, ohne Rücksicht auf ihre eigenen Truppen, die Brücke in Brand zu schießen.

Franzl schreit laut auf und hält sich am linken Arm. Ich lege meine Kamera nieder und springe zu ihm. Aus dem Ärmel quillt Blut. Ich drücke seinen Arm ab, während ein Sanitäter der Panzergrenadiere ihm einen Verband anlegt und ihm eine schmerzstillende Spritze verpaßt. Über uns tobt die Schlacht. Ich lege mich über Franzl. Er stöhnt: »Oooch – solch ein Mist!«

»Der Schmerz läßt gleich nach, Franzl!« Ich wische ihm mit meinem Taschentuch die Stirn. Er atmet schwer und heftig. Allmählich flaut der Gefechtslärm ab.

Eine halbe Stunde später rollen Sturmgeschütze, Panzer und Kradschützen über die eroberte Brücke.

»Franzl, ich versuche, einen Sanitätswagen aufzutreiben.« Er nickt wortlos.

Als ich ans Brückenende gelange, kommt gerade der Befehlspanzer von Generalleutnant Model. Der Oberleutnant der Vorausabteilung macht seine Meldung.

Mit spitzbübischem Lächeln ruft der General: »Herr Leutnant, die Brücke ist soviel wert, wie eine ganze Division!«

Wieder beginnt das russisches Granatfeuer. Im Fluß schießen riesige Wasserfontänen hoch, doch weit entfernt von der Brücke. Endlich wankt ein Sanitätswagen über die Brücke. Ich hole zwei Sanitäter, die Franzl schnell verladen. Ich selber fahre später mit einem Offizierskübelwagen zurück zu meiner Kompanie. Der geniale Handstreich wurde nicht einmal im Wehrmachtsbericht erwähnt.

Paradiesischer Garten

Auf Befehl von »oben« wurde die Sonderstaffel der Propagandakompanie aus dem Frontgeschehen herausgelöst. Wir sind angewiesen, den gewünschten Film vom »Blitzkrieg im Osten« fertigzustellen.

Wieder sind wir in einem schloßähnlichen Gut aus der Zarenzeit untergebracht.

Wie betäubt erwache ich in einem großen Raum mit blauen Seidentapeten. Es kommt der Morgen mit sanfter Kühle und allen verschwommenen Farben der Frühe hervor. Das schöne Lied einer Amsel ertönt durchdringend vom großen Garten her. Die Sonne steigt leuchtend über die mattgrauen Nebelscheier. Ein goldenes Band wölbt sich am Himmel wie ein Regenbogen. Ich starre aus dem geöffneten Fenster in die verworrenen Zweige einer Rotbuche.

Als Kind lag ich oft lange auf der Wiese und träumte mir aus solchen Baumkronen die phantasievollsten Märchenbilder. Ich beobachtete das wirre Spiel der Blätter, sah ganze Scharen von geharnischten Rittern auf schmucken Pferden. Die knorrigen Äste wurden zu Mauern und Zugbrücken. Lanzen und Schilde bewegten sich geheimnisvoll, ehe das Burgfräulein mit den Damen aus der Kemenate hervorkam – ich hörte sie singen und spielen, Lieder aus uralten Zeiten und bemerkte kaum, daß es die Vögel waren, die inbrunstvoll ihr frisches Konzert im Wettstreit vollführten.

Jetzt liege ich als fremder Krieger im fremden Land, dem ich nie Feind geworden wäre, hätte mich nicht irgendein sogenannter Befehl mit Millionen anderer Männer in dieses schöne, große, weite Land befohlen. Überhaupt setzt sich ein Krieg aus tausend irrsinnigen Fakten von Zwiespältigkeiten zusammen. Irgendwelche Anordnungen werden weitergegeben – man übernimmt sie kommentarlos und sagt wie benommen: »Jawoll, Herr Oberst – zu Befehl, Herr Oberst – selbstverständlich, Herr Oberst – habe verstanden, Herr Oberst!« um letzten Endes festzustellen: Alles wirkt so furchtbar schizophren – Granaten zerbersten – Splitter surren durch die Luft; Häuser verbrennen; Brücken werden vernichtet; Kinder und Frauen sterben – der Pesthauch des Todes mäht seine Saat – während am Himmel die Lerchen jubilieren.

Jetzt liege ich in einem ehemaligen, hochherrschaftlichen Fürstenzimmer, blicke durchs Fenster hinauf zum ruhigen Himmel. Vom Hof her höre ich das Gackern der Hühner; die sommerliche Ruhe wird durch das Klappern der Störche unterbrochen. Hin und wieder hört man die Kühe mit ihrem urgrundtiefen »Muhuuhuuu«. Zu diesem Gemälde des Sommers paßt doch nicht das grauenvolle Zerfleischen, das viehische Sterben auf dem sogenannten Schlachtfeld. Die Zeit scheint aus den Fugen geraten zu sein. Was Menschen sich zu ihrem Lebensunterhalt geschaffen, gesammelt, gesät, gepflegt und geerntet haben, ist einem Irrsinn zum Opfer gefallen. Menschen, die sich bei einem Ausflug, bei einer wunderschönen Urlaubsreise hätten kennen- und liebenlernen können, sind nun wie von Sinnen, gegeneinander verhetzt und aufgewiegelt. Ihre verlassenen Möbel und Handwerkszeuge liegen in den Straßengräben, sie wurden in panischer Flucht fortgeworfen. In menschenleeren Dörfern wurden die Brunnen vergiftet; das alles nennt man Krieg.

Da kommt mir der urdeutsche Wandsbecker Bote Matthias Claudius in den Sinn:

»s'ist Krieg' s'ist Krieg! O Gottes Engel wehre,
und rede du darein!
S'ist leider Krieg – und ich begehre
nicht schuld daran zu sein!

Was sollt' ich machen, wenn im Schlaf mit Grämen
und blutig, bleich und blaß,
die Geister der Erschlagnen zu mir kämen,
und vor mir weinten, was?

Wenn wackre Männer, die sich Ehre suchten,
verstümmelt und halbtot
im Staub sich vor mir wälzten und mir fluchten
in ihrer Todesnot?

Wenn tausend, tausend Väter, Mütter, Bräute,
so glücklich vor dem Krieg,
nun alle elend, alle arme Leute,
wehklagten über mich?«

Noch immer singt die Amsel im Garten – ich habe keine Lust, das warme Bett zu verlassen. Ich denke an unseren urwüchsigen Berliner Franzl Beck. In welch verlaustem Lazarett mag er sich jetzt mit den deprimierenden Eindrücken des Krieges herumschlagen? Als Pimpfe im Jungvolk sangen wir frisch und unbefangen:

»Gestern noch auf stolzen Rossen,
heute durch die Brust geschossen,
morgen in das kühle Grab.«

Gott sei Dank hat es Franzl nur am Arm erwischt – zwanzig Zentimeter höher hätte es auch die Halsschlagader sein können, und man hätte ihn in eine Zeltplane gewickelt und dann in die Erde geworfen und verscharrt. Nun schüttle ich die Gedanken ab; mit einem Satz springe ich aus dem Bett. Mich streckend und räkelnd, begebe ich mich zum Fenster. Auf einem Balkon sitzt Reinhold Wegmann, seine aufgeschlagene Bibel auf den Knien, den Kopf zum Himmel erhoben, murmelt er halblaut etwas vor sich hin.

Oh, gnadenvolle Einfalt, denke ich – doch Wegmann ist Student. Ein intellektueller Mensch mit sehr klarem, nüchternem Verstand. Man muß ihn um seinen Glauben beneiden. So unerschütterlich, so kindlich einfach, so aufopfernd in der Beziehung zum Nächsten – der kleine Gefreite und Kraftfahrer ist mir wie ein unerkannter Fürst oder ein unentdeckter Prinz, ein geistlicher Geheimnisträger ersten Grades. Seine Herzenshaltung ist anders als die der übrigen Menschen.

»Gib mir solchen Glauben, o Gott! Mein Herz ist krank, ich spüre Schmerzen in der Brust«, ist mein stilles Gebet. Noch schlafen alle, und es ist doch schon Tag. Nur dein Auserwählter nutzt die Stunde der göttlichen Stille – ein Menschenleben zwischen Güte und Weisheit. In solchem Leben liegt der tiefe Inhalt des Lebens. Hier muß der Schlüssel aller Geheimnisse liegen. Das spüre ich im tiefsten Grunde meines Herzens. Hier, in diesem paradiesischen Garten, will ich ergründen das Geheimnis seines Friedens.

Man hatte uns als Sondereinheit der Kriegsberichterstaffel völlig uns selbst überlassen. Wir sollten einen Film über den Blitzkrieg herstellen, um den Glauben an den heroischen Endsieg zu entfachen. Was unseren Auftrag anbetraf, war alles leichter befohlen, als ausgeführt. Allein schon das Studieren der Materie; die Ausarbeitung eines detaillierten Drehbuches und die Auswahl des geeigneten Bildmaterials war eine Aufgabe, die einem großen Spielfilm gleichkam.

Alles, was wir bis jetzt in die Kamera bekommen hatten, waren aus dem Zusammenhang gerissene und gefilmte Kriegsszenen. Nun galt es, daraus einen nahtlosen Film herzustellen. Hauptmann Wockenfuß war bereits nach Berlin unterwegs, um alle technischen Geräte aufzutreiben: Klebepressen, Schnittische, Verstärker, Mischpulte – einfach alles in allem ein kleines Atelier.

Weshalb man uns nicht nach Berlin beordert hatte, blieb mir ein Rätsel – aber so war es für uns höchstwahrscheinlich sogar noch besser. Sonst hätte uns vielleicht irgendein diensteifriger Stabsoffizier ganz überraschend zu einem Sondereinsatz in den Eisenhagel einer Schlacht geschickt bzw. dazu abkommandiert. Doch hier waren wir den Augen aller Führungsstäbe entzogen.

»Wegmann, haben Sie Lust zu einer Spazierfahrt mit der Einspännerkutsche? Wir sehen uns mal die Gegend an.«

»Zu Befehl, Herr Leutnant!« antwortet mein Kraftfahrer.

Kurz darauf fahren wir querfeldein durch den kühlen Morgen. Wälder und Dörfer passieren wir. Mit nickendem Kopf bringt uns der Braune über Hügel und Äcker. Bald haben wir das herrliche Gut aus den Augen verloren: Diese Landschaft scheint weit entfernt von jeglichem Kriegsgeschehen: Kleine, windschiefe Hütten mit ihren mit Moos überwucherten Strohdächern, alten Pilzen ähnelnd, sehen so einladend aus. An einem Weiher entdekken wir, hinter einer Wehr, eine alte Mühle. Zwei Störche auf dem Dach der Mühle und das Rad klappern um die Wette. Hier machen wir eine Pause. Wir setzen uns an das Ufer und sehen den Frauen zu, die am seichten Ufer gegenüber ihren großen Waschtag halten. Bald ist es Mittagszeit; der Boden unter unseren Sohlen ist brennend heiß. Ein Hauch des seichten Sommerwindes streicht über unsere Haare. Wie Glühwürmchen am Tage schießen blitzend Insekten durch die Luft. Mir kommen die Verse von Theodor Storm in den Sinn:

»Laufkäfer hasten durchs Gebüsch . . .

Kein Klang der aufgeregten Zeit
drang je in diese Einsamkeit.«

Das Summen der Bienen, Hummeln und anderer Insekten klingt wie ferner Orgelton.

»In der barbarischen Zerreißprobe des Krieges empfindet man noch mehr die widernatürliche Spannung des Krieges inmitten dieser Landschaft.« Mit meiner rechten Hand deute ich auf das friedvolle Panorama dieses leuchtenden Sommertages: »Wo man hinschaut – ein Bild des Friedens, der Ruhe und Harmonie. Wie zwiespältig ist doch das Leben . . .«, sage ich zu meinem Begleiter, der sich ins Gras gelegt hat, während ihm nickend die Gräser und einfachen Feldblumen ins Gesicht fächeln.

»Der gesamte Ablauf der Geschichte ist durch die selbstverschuldete Gottesferne des Menschen zwiespältig. Mit unserem Einfallen in dieses große, schöne Land werden völlig unbeteiligte und unwissende Zivilpersonen unfreiwillig in einen Krieg hineingezerrt und von Bomben, Artilleriegranaten oder Raketen in Stücke gerissen. Kinder, Frauen und Greise, die solch ein wahnsinniges Morden nie gewollt haben, sind mit die Leidtragenden«, sagt Reinhold Wegmann, während er seine Hände hinter seinen Nacken legt, um das friedliche Waschen der russischen Frauen anzuschauen.

»Wer weiß, wohin dieser unbarmherzige Sturm des Krieges ihre Männer, ihre Söhne und ihre Enkelkinder verschlagen hat. Ob sie je ihre Heimat, ihre Verwandten, ihre Eltern und Familien wiedersehen?« Ein Stoßseufzer entfährt seiner Brust.

»Früher wurde doch Gott als Lenker der Schlachten gefeiert und gepriesen. Im Namen Gottes segnete man Fahnen und Waffen. Hat denn Gott überhaupt etwas mit dem Lauf der Geschichte zu tun?« will ich von dem jungen Jurastudenten wissen.

»Im Namen Gottes haben die Mächtigen der Weltgeschichte

schon sehr viel Schindluder getrieben. Gott, dem Schöpfer, will man doch alle Fehlleistungen der menschlichen Gesellschaft anlasten. Gott, der Vater, hat in seiner unergründlichen Liebe einen Heilsplan mit allen Menschen guten Willens begonnen; deshalb gibt es eine Heilsgeschichte, die sich innerhalb der Weltgeschichte präsentiert. Der Mensch ohne Gott macht sich selbst zum Handlanger des Bösen. Der Mensch ohne Gott ist ein Widerspruch in sich. Er strebt auf der einen Seite nach Selbstentfaltung und eignem Schöpfertum; aber so sehr er als Mitschöpfer tätig wird, so sehr ist er erfüllt von der Sucht nach Größe, nach Selbstruhm, nach Selbstbehauptung und Selbstvergötterung. Seine Rücksichtslosigkeit und Brutalität kennt keine Grenzen. Seine Verschlagenheit und unersättliche Maßlosigkeit macht ihn zum Handlanger des Satans – der Mensch ohne Gott ist in seinem Bewußtsein geistlich gespalten.«

Wegmann fährt mit der rechten Hand vor seiner Stirn hin und her, um dadurch die Sinnlosigkeit menschlichen Handelns zu verdeutlichen.

»So groß seine Fähigkeit zum Schöpferischen, so groß ist eine haltlose Begierde, das Elend der Welt herbeizuführen. Die größten Erfindungen des Menschen werden zumeist in den Bann der Zerstörung gestellt. Der Mensch, der durch Gott zur herrlichen Freiheit berufen ist, mißbraucht seine Wahlfreiheit leider zum wahnsinnigen Zerstören. Dabei wird er nicht, wie das Tier, von niederer Triebhaftigkeit gesteuert, sondern hat stets die Freiheit seiner eigenen Wahl, nämlich zwischen Gut und Böse.«

Ich schaue zu den Frauen, die in der Mittagshitze barfuß durch den Garten gehen. Inmitten verwilderter Äcker wirken diese Oasen wie Inseln aus Gottes Hand. Die Gesichter der Frauen, die sich über ihre Pflanzen beugen, sind entspannt und ruhig. Bohnen, Salat, Zwiebeln und anderes Gemüse ernten sie, während einige Kilometer weiter ein Völkermorden unvorstellbaren Ausmaßes stattfindet.

»Weil wir als Menschen, nach Gottes Willen, zu eigener Verantwortung und zur Freiheit geschaffen sind, können wir diese herrliche Freiheit auch gemeingefährlich mißbrauchen. Wir, als Propagandakompanie, können dies immer in erschreckendem Ausmaß sehen und müssen die Vernichtungspogrome der enthemmten Menschen auch noch filmen«, meint Reinhold und dreht sich auf den Bauch, pflückt eine Pusteblume und wie ein Kind stößt er mit seinem Atem die federleichten Samen über das Rasenstück.

»Der heute so vielgepriesene Übermensch ist doch an seiner maßlosen Machtgier gescheitert; das Heil der Menschen liegt einzig und allein bei dem, der am Kreuz von Golgatha den Folgen der Sünde den Garaus gemacht hat. In unserer heutigen Zeit brauchen die Menschen nichts notwendiger, als die Erlösung von ihren Sünden und damit die Heimkehr zu Gott«, sagt er und pustet den Samen einer nächsten Blume über die Wiese.

»Im Grunde lebt doch jeder von der Zukunft. Jeder streckt sich nach dem Höheren aus. Ein Mensch ist voller Unruhe, voller Sehnsucht nach Glück und Geborgenheit. Er lebt mehr oder weniger im Gespinst seiner Träume – sein Inneres ist oft voller Spannung zwischen dem, was er erreicht hat und dem, was er erreichen will, zwischen dem, was er ist und dem, was er gern werden will . . .«, gebe ich zu bedenken. »Weshalb gelingt es uns denn nicht, das Positive zu erreichen?«

Scheinbar kennt Wegmann alle entscheidenden Stellen der Bibel auswendig, oder er weiß sie nach ihrem Inhalt frei zu interpretieren. So erklärt er mir: »Paulus, der Heidenapostel, hat den zwiespältigen Seelenzustand des Menschen klassisch dargestellt. Er schreibt ungefähr so: ›Man weiß, daß Gottes Gebote geistlich sind, wir aber sind unter die Herrschaft der Sünde verkauft.‹ Deshalb ist jeder nachdenkende Mensch sich selber ein Rätsel und versteht sein Handeln und Denken nicht. Denn nicht das, was er tatsächlich will, tut er, sondern was er verabscheut, muß er tun und klagt sich an: ›Wenn ich das tue, was ich nicht will, gebe ich eigentlich zu, daß Gottes Gebot gut ist.‹ – Der Wille zum Guten ist oft da, aber er hat keine Kraft, das Gute zu vollbringen – obwohl er das Gute tun will, liegt ihm das Böse näher! – Auf der einen Seite hat ein Mensch im Grunde Freude an Gottes Geboten, ist aber von sich aus außerstande, das Gute zu vollbringen – er ist quasi unter die Kommandoherrschaft des Bösen geraten. In diesen Versen des Apostels Paulus wird das Hin und Her und Auf und Ab des Menschen gekennzeichnet, der sich nicht in der inneren Gemeinschaft mit Gott befindet . . .«

Jetzt setzt sich der Gefreite auf. Ich benutze die kurze Pause, um zu fragen: »Wo steht denn dieser Text? Im Neuen oder im Alten Testament?«

Ein sanftes Lächeln gleitet über sein Gesicht: »Im Neuen Testament, Herr Leutnant, und zwar im Brief an die Römer.« Offensichtlich hatte er erwartet, daß ich wußte, wo die Briefe des Apostels Paulus zu finden sind.

»Die endgültige Erlösung hat Jesus Christus durch seine Auferstehung vollzogen; deshalb können wir als Christen von der leiblichen Auferstehung gar nicht genug weitersagen. Gerade durch seine Auferstehung ist die Botschaft der Gottesfrage für den Menschen unserer Tage zur einzigen Hoffnung geworden. Wir wissen, daß Jesus durch seine Auferweckung zum Exempel der Auferstehung für alle geworden ist. Dadurch ist der Menschheit auch ein Exempel statuiert, daß Auferstehung keine Phantasie oder menschliches Wunschdenken ist, sondern vollbrachte Realität. Seit der Sohn Gottes auferweckt wurde, liegt die ganze Ewigkeit gewissermaßen im Hoffnungshorizont dieses Ereignisses. Die Mitte unseres Seins wurde durch die Auferstehung mit Ewigkeitssinn erfüllt. Das Endliche wird die Unendlichkeit annehmen, und der Strom unserer Zeit mündet in das Meer der Ewigkeit!«

»Wenn alle Christen von Christus so erfüllt wären wie Sie, Wegmann, dann säßen wir nicht hier als Gewaltmenschen und Unterdrücker, und zwar mitten in Rußland.«

Nach Stunden kehren wir zurück. Schon aus einiger Entfernung sehen wir die kleine Kirche, die einst zum Lustschloß eines russischen Fürsten gehörte. Noch stehen einige Ställe, aber der Zahn der Zeit nagte an den Gebäuden; der Putz bröckelt von den Wänden. Sonst sind diese Bauten ja Zeugen vom einstigen Wohlstand. Nichts wurde zur Erhaltung dieser Gebäude getan.

»So sieht es offenbar im ganzen Land aus«, meinte Reinhold. »Wo kommunistische Mißwirtschaft herrscht, ist das Alte immer dem Untergang geweiht.«

Wir fahren zwischen den Ställen und dann zwischen den Wirtschaftsgebäuden hindurch zur Einfahrt auf das Herrenhaus. So gelangen wir durch den verwucherten Park in den Innenhof, der einen wunderschönen Baumbestand hat. Im Gästehaus des ehemaligen Gutes hat sich eine Nachschubeinheit einquartiert. Auf den verschlungenen Sandwegen, die durch kreisförmige Rasenflächen abgegrenzt sind, gelangen wir in die breite Mittelallee zu unserem Standquartier, dem Herrenhaus. Uralte Bäume überdachen die dämmerige Allee. Links und rechts schimmern Buschwerk und Rasenflächen. Buchen, Eichen, Linden und Ahornbäume breiten ihre Äste aus. Wir sehen, wie man 300 Jahre alte Bäume gefällt hat, um einer Batterie ein besseres Schußfeld zu schaffen. Reinhold scheint meine Gedanken erraten zu haben, als er sagt:

»Da werden ein paar Pioniere abkommandiert, um solche wunderbaren Zeugen einiger Jahrhunderte in wenigen Minuten zu fällen. Man braucht nicht einmal eine Stunde, um das, was 300 Jahre lang in Geduld und tiefer Stille gewachsen ist, zu vernichten. Wird diese Welt noch jungen Bäumen für hunderte von Jahren Gelegenheit bieten, nachzuwachsen?«

Auf den gefällten Bäumen hüpfen barfüßige Kinder herum: »Gutten Morgän!« rufen sie ausgelassen.

Später sitzen wir noch auf einer alten Bank im Park. – Insekten flirren im grellen Licht der Sonne; Vögel hüpfen und stieben durch das Sommerlaub.

»Der Hauptinhalt, den Gott mit dieser Schöpfung verfolgt, ist die Geschichte des Menschen und seine Erlösung«, erklärt mir Reinhold Wegmann. »Durch Vertrauensbruch ist der Mensch in die Gottlosigkeit geraten. Dadurch ist die gesamte Kreatur in den Sog des Todes gekommen.« Auch auf die gefällten Bäume kommt er zu sprechen:

»So verstehe ich Christus, wenn er sagt: ›Es ist schon die Axt den Bäumen an die Wurzel gelegt. Darum: Jeder Baum, der nicht gute Frucht bringt, wird abgehauen und ins Feuer geworfen.‹ Durch die Herrschaft des Todes wird die Kraft des Bösen offenbar. Der Tod erscheint als der letzte mit Satan verbundene Feind. Aber durch den Sieg Christi ist der göttliche Beweis erbracht, daß ER stärker ist als Tod und Sünde, und zwar durch die Auferstehung. Das Reich Gottes kommt einzig durch die Kraft der Auferstehung Jesu Christi zur Geltung. Das Reich Gottes ist die Herrschaft des durch die Auferstehung triumphierenden Lebens. Darin liegt die ganze Kraft und die ganze Tat Christi, auch seine wirkliche Liebe zu uns.«

»Wissen Sie, Wegmann, ich bin von Natur aus kein so religiöser Mensch. Wenn ich aber Ihren Ausführungen folge, so beginne ich zu verstehen, was Evangelium wirklich bedeutet. Man ist viel zu sehr geneigt, die Mißstände der Kirche oder anderer religiöser Institutionen einzig und allein Gott anzulasten. Ich sehe ein, daß dies grundsätzlich falsch ist. Wenn es darum geht, über Gott zu sprechen, sollte es einem fast die Sprache verschlagen. Man sagt ja nichts Wesentliches über eine schöne Kathedrale aus, wenn man nur von den Steinen spricht. Man sagt auch nichts Wesentliches über den Schöpfer aus, wenn man ihn durch menschliches Versagen in Frage zu stellen versucht. Das verstehe ich sehr gut. Wir laufen wohl immer Gefahr, die große Kathedrale mit der Summe der Steine gleichzusetzen. Und deshalb verlieren wir nach und nach das Wichtigste aus den Augen. Man muß unbedingt zum Urquell der Botschaft Gottes zurückkehren.«

Am Abend beginnen wir, das entwickelte Filmmaterial zu sichten. Zum Glück haben wir Strom durch die Versorgungskompanie, die im Gästehaus einquartiert ist, wir könnten sonst überhaupt nicht arbeiten. Schon längst vergessene Bilder des Krieges tauchen wieder vor uns auf: Die erste, gewaltige Feuerwalze; der gewaltige Aufmarsch zu Beginn des Rußlandkrieges; die ersten sowjetisch-russischen Gefangenen, vom mörderischen Artillerieschlag zermürbt, verängstigt heben sie ihre Hände. Völlig entgeistert starren die überraschten Russen in die Kamera. – Dann die langen Kolonnen mit gefangenen Rotarmisten, auf staubigen Feldwegen, neben der Rollbahn in Richtung Westen, in die Gefangenschaft ziehend, begeisterte Bevölkerung aus Dünaburg, die die Sieger mit ihren ehemaligen Landesfahnen fröhlich empfangen, die die einziehenden Gruppen noch als Befreier begrüßen. Auch dieses gehört schon der Vergangenheit an. Der harte Kampf um die Brücke, das brennende Riga, die ersten gefallenen deutschen Soldaten im Sammelgrab; die angetretene Ehrenkompanie beim Singen: »Ich hatt' einen Kameraden, einen besser'n find'st du nicht . . .«, und immer wieder die mehlstaubigen Straßen des endlos scheinenden Landes, die zerfahrenen Wege durch Fahrzeuge aller Art. Kradschützenbataillone neben der Rollbahn, voranfahrend eine PAK im Kampf mit sowjetischen Panzern; die von den Bolschewisten ausgebrannten Steinhäuser, die wie leere Gerippe am Rand der Hauptstraße stehen; der erste, durchgebrochene Panzer T 34 dicht vor der deutschen Panzerabwehrkanone, drohend den Geschützturm auf die deutsche Mannschaft gerichtet . . . Diese vitalen Bilder aus den ersten Wochen des Blitzkrieges scheinen bereits wie aus vergangenen Zeiten.

Wegmann schreibt und katalogisiert eifrig. Er ist mir ein guter, talentierter Filmassistent geworden. Gerade seine naturgemäße Unbefangenheit, aber auch sein geschulter Intellekt kommen mir bei der Vorbereitung zum Filmschnitt sehr zugute. Auch graphisch hat er ein ungemeines Talent. Anhand einer großen Rußlandkarte versteht er es, im Rohschnitt eine Art Wegweiser für die Zusammenstellung des Filmes, den Ablauf der enormen Bewegungsschlacht, der genialen Panzervorstöße ins russische Hinterland – durch blau-rote Pfeilschlangen den Weg der Heeresgruppen, Armeen und der einzelnen Panzerdivision optisch darzustellen. Blaugezeichnete Pfeile sind die Vormarschbewegung der deutschen Armeen, während rot die zurückweichenden Truppen der Russen darstellen. Leider fehlt mir an Ort und Stelle die dringend notwendige Trickfilmkamera. – Wir hoffen dabei, daß Hauptmann Wockenfuß uns aus Berlin genügend Ausrüstung mitbringt.

Zum Glück hatte ich bei unseren Kampfaufnahmen in den ersten Wochen des Rußlandfeldzuges stets Ortsschilder oder neu aufgestellte Wegweiser in deutscher Schrift mitgefilmt. Aber die wirklich großen Taten während der Kampfhandlungen waren ja nicht in den Befehlspanzern vollbracht, sondern direkt bei den Improvisationen im Gefecht. Kriegsberichter, vor allem aber Kameramänner, waren viel zu dünn über die weiträumigen Schlachtfelder verstreut, um alle kampfentscheidenden Phasen dieses Blitzkrieges lückenlos festzuhalten. Wir waren gezwungen, später einige entscheidenden Phasen des Kampfes nachzudrehen.

Am nächsten Tag kommt Hauptmann Wockenfuß aus Berlin zurück. Neben den dringenden Filmgeräten und Studioausrüstungen hat der Chef eine unerwartete Überraschung mitgebracht: Iwan Sadko ist mit ihm wieder eingetroffen. Als Fachmann soll er uns bei der Bearbeitung unseres großen Rußlandfilmes mit seinem Rat als ehemaliger Politoffizier zur Seite stehen. Sadko hat in der Zwischenzeit seine deutschen Sprachkenntnisse so verbessert, daß kein Dolmetscher mehr nötig ist.

Bald kommt es zwangsläufig wieder zu intensiven Gesprächen mit Reinhold Wegmann. Bei einer abendlichen Kameradschaftsrunde meint Iwan Sadko: »Der praktizierte Marxismus in der Sowjetunion hat doch Westeuropa vor entscheidende Fragen gestellt; entweder ginge die Welt an der kapitalistischen Wirtschaftsform zugrunde oder aber die Menschheit wird durch einen internationalen Sozialismus gerettet . . .«

Reinhold Wegmann ist sofort wieder hellwach und meint: »Die Welt geht nicht an den Wirtschaftsformen zugrunde, sondern an ihrer Gottlosigkeit; deshalb sollten die Christen die biblische Botschaft, das Evangelium, an die Mühseligen und Beladenen, an die Erniedrigten und an die Beleidigten, aber auch an die Mächtigen und Ausbeuter dieser Welt richten.«

Iwan Sadko verteidigt immer noch seine marxistischen Ideen, obwohl er sich angeblich wegen der Unzulänglichkeiten des Sowjetstaates von dieser Ideologie innerlich getrennt hat:

»Vor 100 Jahren hat Karl Marx erklärt, die Philosophien hätten sich in verschiedener Weise zu allen Jahrhunderten immer nur mit einer idealistischen Weltdeutung begnügt, statt auf eine Weltverwandlung durch eine sozialistische Ideologie hinzuwirken. Der Mensch lebt schließlich auf dieser Erde und muß sie doch auch gesellschaftlich und kulturell gestalten.« Sadko lächelt über das ganze, breite, slawische Gesicht.

Der Gefreite Wegmann faltet seine Hände: »Wie sieht denn nun das Leben eines Menschen hier auf Erden praktisch aus? Sie lesen in Rußland ja sehr viel deutsche Dichter. Nun, Friedrich von Schiller schrieb einst von diesem materialistisch geprägten Menschen: ›Er gräbt und schaufelt, solange er lebt, und gräbt, bis er endlich sein Grab sich gräbt‹, und doch ist diesem Menschen, der durch Rebellion gegen Gott den Tod verdient hat, diese kleine Lebensspanne zwischen Geburt und Tod geschenkt und immer neu geschenkt durch seine Nachkommen. Ist nun jede neue Geburt nur ein Spiel Gottes mit seinen Geschöpfen, um sie immer wieder sterben zu lassen?«

Wegmann schaut sich in der Runde um. Da sitzen sie alle gespannt und hellhörig: Hauptmann Wockenfuß, Franzl Beck, Boris Fenzlau, Walter Häberle und Sadko, der Herausforderer.

»Nein, und nochmals nein! Zunächst gilt den Menschen eine irdische Verheißung für den Sinn des Lebens. Eva war die Mutter aller Lebendigen – sie setzte den Kreislauf der Menschwerdung mit ihrem Mann in Gang. Gott gab aber schon dem ersten Menschen die Verheißung auf einen Erlöser, der kommen würde, der auch als Mensch geboren, die Normen Gottes erfüllen sollte, um durch seinen Gehorsam den Stein des Grabes wegzutragen und alle Menschen guten Willens aus der Gefangenschaft des Todes zum ewigen Leben hin zu befreien. Lesen wir den Bericht über die Entwicklung der Menschheit, auch jenseits von Eden, so müssen wir erkennen, daß der verfluchte Acker zugleich auch der von Gott gesegnete Acker war. Gott hat den Menschen eine Chance gegeben, mit seinem Acker in einer gewissen Bewährungszeit die Möglichkeit der vollen Erlösung zu erreichen. Doch diese Erlösung vom Bösen, von aller Grausamkeit der Hölle, geschieht nicht aus eigener, selbsterrungener Kraft, nicht durch Ideologien oder Philosophien, sondern durch die Auferstehung Gottes, die in Jesus Christus offenbar geworden ist. Der Mensch ist mit seinem ganzen Wesen dem auf ihn eindringenden Bösen verfallen. Das sehen wir hier in Rußland bei dem barbarischen Morden in anschaulichster Weise. Aber durch die Kraft der Auferstehung Jesu Christi können sich Menschen, die in diese gefallene Schöpfung hineingeboren wurden, zu einem neuen Leben mit dem Schöpfer entscheiden. Dies ist die einzige, ewige Lösung des sterblichen Menschen, dem Fluch der Vergänglichkeit zu entkommen.«

Hauptmann Wockenfuß bricht das Gespräch ab: »Nun, meine Herren, jetzt sind wir noch hier und haben unsere Aufgaben zu erfüllen. Morgen beginnen wir mit der Montage unseres Films, bis dahin allerseits gute Nacht!«

In den nächsten Tagen besuchten wir mehrere Stäbe der vordersten Fronttruppen, filmten kommandierende Generäle im Kreis ihrer Stabsoffiziere, über den Kartentisch gebeugt, wobei als einzige Bewegung die Zeigefinger ein Angriffsziel andeuten. Später verwendeten wir diese Aufnahmen am Trickgerät für Überblendung auf vorstürmende Infanterie und Panzer. Während dieses Einmarsches gab es auch manche Abwechslungen, um aus dem monotonen Soldatentrott herauszukommen.

Reinhold Wegmann hat in Erfahrung gebracht, daß für Soldaten evangelischen Glaubens aus dem Reservelazarett ein Gottesdienst im Kulturpalast der Stadt abgehalten werden sollte.

»Wollen Sie mitkommen?« fragt er mich.

»Um Aufnahmen für die deutsche Wochenschau zu machen?« frage ich provozierend.

»Nein, Herr Leutnant, um einmal inkognito als einfacher Mensch in der Menge zuzuhören.«

»Dann sollten wir aber einen guten Vorwand finden, um Hauptmann Wockenfuß die Sache verständlich zu machen. In der Stadt liegt doch eine orthodoxe Klosterkirche, die am Sonntag, nach Jahren, wieder eröffnet werden soll. – Ich schlage vor, zunächst machen wir dort Aufnahmen, und dann gehen wir in den Feldgottesdienst der deutschen Wehrmacht.«

Hauptmann Wockenfuß war einverstanden. So brausten wir am Sonntagmorgen noch vor Sonnenaufgang ab, um beim Frühgottesdienst dabei zu sein. Endlich kamen wir einmal auf andere Gedanken. – Nach den gräßlichen Bildern des Krieges war schon der Anblick der goldverzierten Klosterkirche eine Wohltat. Das Gotteshaus, das jahrlang vor dem Einmarsch deutscher Truppen ein Gottlosen-Museum beherbergte, wurde von der deutschen Zivilverwaltung wieder seiner eigentlichen Bestimmung übergeben. Natürlich wurde damit ein großer, propagandistischer Effekt verfolgt. Zu Hunderten drängten sich Menschen aus der russischen Bevölkerung zu den feierlichen Gottesdiensten: Mädchen, Frauen, Kinder, alte bärtige Bauern. Viele knieten gottergeben vor und im Gottesdienstraum.

»Das müßte Iwan Sadko sehen«, flüsterte mir Wegmann zu, während ich meine Kamera surren ließ. Wegmann schoß mit der Fotokamera Bilder um Bilder. Dazu stieg er manchmal ein wenig die Treppe zur Kanzel empor. Die glanzvolle Lichterprozession rund um die Klosterkirche war geradezu eine Herausforderung für uns Fotografen. Wunderbare Szenen bekamen wir in die Kamera. Herrliche Bilder mit goldschimmernden Ikonen, prachtvollen Priestergewändern sowie vielen bunten Kopftüchern der Frauen waren für unseren Farbfilm bestens geeignet. Recht würdig sahen die bartumrandeten Patriarchenköpfe der Männer aus. Mit welcher Inbrunst die tiefen russischen Bässe und die hohen Frauenstimmen alte Anbetungsgesänge darbrachten, läßt sich kaum beschreiben. Immer wieder bekreuzigten sich die Gläubigen. Große, prächtige goldene Lüster mit vielen Kerzen hingen vom großen Thronhimmel der Klosterkirche herab. Beißender Dunst von Weihrauch drang uns in die Nasen und Kehlen, dazwischen mischte sich auch ein intensiver Geruch von Knoblauch. Die hohen Wände waren mit kostbaren Gemälden bedeckt. Über der goldverzierten Kanzel funkelte ein üppiger Stern. Bald hatten wir unser ganzes Filmmaterial verbraucht. Leise schlichen wir aus der Kirche, um danach zum Feldgottesdienst zu eilen.

Im großen Saal des Kulturpalastes sah es äußerlich recht nüchtern aus. Statt der Heiligenbilder hingen hier Porträts von Marx, Engels, Lenin und Stalin. Ein zusammengewürfelter Haufen Verwundeter drängte sich in die gepolsterten Sitzreihen der marxistischen Kultstätte. Auf dem Podest in der Mitte stand ein einfaches Pult und im Hintergrund ein rohes Holzkreuz. Der ungeheure Kontrast von der goldverzierten Klosterkirche und dem so weltlichen Palast der Sowjets war enorm. In den Reihen saßen Infanteristen, Panzergrenadiere, ältere Artilleristen, Panzerfahrer in schwarzen Uniformen, Soldaten der Luftwaffe in blau-grauen Feldblusen, Flak-Artilleristen und auch Männer der Werkstattkompanien, der Feldbäckereien und anderer Nachschubtruppen. Der Pfarrer, ein Mann mittleren Alters in Hauptmannsuniform, trug ein großes Kreuz umgehängt an der Brust. An den Verwundeten vorbei arbeitete er sich mit einer Aktentasche zum Rednerpult. Ein Gehilfe des Geistlichen baute ein Koffergrammophon auf und ließ sogleich eine Schallplatte laufen.

Der Thomaner-Chor sang die Kantate: »Wachet auf, ruft uns die Stimme!« von Johann Sebastian Bach.

Draußen rumpelten die schweren Wagen der Nachschubkolonnen. Die vielfältigen Geräusche im Festsaal verstummten. Der Pfarrer nahm seine Dünndruckbibel zur Hand und begann mit den Worten:

»Im Namen des Vaters, des Sohnes und des Heiligen Geistes, Amen.«

Die große Soldatenschar brummte ein kräftiges »Amen!«.

Jetzt las der Pfarrer: »Gott ist unsere Zuversicht und Stärke, eine Hilfe in den großen Nöten, die uns getroffen haben. Darum fürchten wir uns nicht, wenngleich die Welt unterginge und die Berge mitten ins Meer sänken; wenngleich das Meer wütete und wallte und von seinem Ungestüm die Berge einfielen.«

Hin und wieder stöhnte irgendein Soldat aus der Menge. Der Militärgeistliche fuhr fort: »Der Herr Zebaoth ist mit uns, der Gott Jakobs ist unser Schutz.«

Mir kamen sonderbare Gedanken. War der Gott Jakobs wohl auch der Gott der Juden, die in Deutschland und in allen besetzten Gebieten von den SS-Truppen verfolgt wurden? Wie konnte ER ihr Schutz sein? Ich wollte Wegmann im Anschluß an den Gottesdienst danach fragen.

Vorn hörte ich den melodischen Singsang des Pfarrers. Er las aus dem begonnenen Psalm weiter: »Kommt her – und schaut die Werke des Herrn, der auf Erden solch ein Zerstören anrichtet, der den Kriegen steuert in aller Welt, der Bogen zerbricht, Spieße zerschlägt und Wagen mit Feuer verbrennt. Seid stille, und erkennet, daß ich Gott bin! Ich will der Höchste sein unter den Heiden, der Höchste auf Erden.«

Der Geistliche klappte seine Bibel zu und fuhr fort: »Seid stille, so ruft uns Gott heute ganz persönlich zu. Auch in den Stunden des Krieges; der gewaltigen Materialschlachten – auch wenn es in der Welt tobt und stürmt – seid stille!«

Ich konnte mich der Wirksamkeit dieses Textes nicht entziehen. Seltsam, während er diese Worte sprach, breitete sich in meiner Brust wirklich eine wohltuende Stille aus. Es war mir wie ein Gruß aus dem verlorenen Paradies, von dem Wegmann schon so oft und so viel dem Russen Sadko berichtet hatte. Andächtig lauschten die Verwundeten den Worten der Predigt:

»Seid stille! – Größer als der Helfer ist die Not ja nicht. Seid stille – und fürchtet euch nicht, denn wir haben einen Gott, der uns erlöst hat, der uns bei unserem Namen gerufen. Meine lieben Brüder, wir sind sein und sind gewiß, daß weder Tod noch Leben, weder Engel noch Fürstentümer, noch Gewalten, weder Gegenwärtiges noch Zukünftiges, weder Hohes noch Tiefes, weder Panzer noch Bomben, weder Sperrfeuer noch Granaten uns scheiden können von der Liebe Gottes, die in Christo Jesu ist, unserem Herrn.«

Staunend blickte ich über die Köpfe der Verwundeten mit ihren Verbänden, ihren Gipsarmen und -beinen, wie sie aufmerksam die Worte aus einer anderen Welt vernahmen.

»Seid stille und erkennt, daß ich Gott bin, spricht der Herr. Meine Brüder, dieser Gott ist eine feste Burg. Bitte, denkt daran, und nehmt dieses Lutherlied mit und haltet euch daran. Nehmt diese Botschaft tief in euer Herz hinein, wenn dunkle Stunden kommen, um euch daran aufzurichten:

Ein' feste Burg ist unser Gott,
ein' gute Wehr und Waffen!

Ein Dreifaches will ich für unsere Situation darlegen:
1. Im Toben der Welt – seid unverzagt und ohne Grauen!
2. Im Sturm der Völker – Gott ist uns're Wehr und Waffen!
3. Im höllischen Krieg, im grauenhaften Verderben – Gott ist unser Friede.«

Der Militärpfarrer überschaute den gefüllten Saal. Die Verwundeten mit den feldgrauen Uniformen sind ganz Ohr. Ihre Verwundungen bedeuten für sie eine Zeit der Besinnung.

»Zunächst im Toben der Welt – seid unverzagt und ohne Grauen. Hört noch einmal dieses trostvolle, starke Gotteswort aus dem verlesenen Text: ›Gott ist unsere Zuversicht und Stärke, eine Hilfe in den großen Nöten, die uns getroffen haben. Darum fürchten wir uns nicht, wenngleich die Welt unterginge und die Berge mitten ins Meer sänken, wenngleich das Meer wütete und wallte und von seinem Ungestüm die Berge einfielen. Der Herr Zebaoth ist mit uns, der Gott Jakobs ist unser Schutz.‹«

Ich dachte an die ersten Toten, an die Angst jedes Mannes beim Frontalangriff eines russischen Panzers. Ob sie sich wirklich nicht fürchten würden, wenn die Welt unterginge?

Der Pfarrer erhob seine Stimme: »Wir wissen nicht, was uns die kommende Zeit an Schwerem und Furchtbarem, an Not und Herzeleid bringt. Was jedem einzelnen noch bevorsteht, weiß auch keiner. Wir haben eine gewaltige Wehrmacht, eine unvergleichlich gut ausgebildete Panzerarmee und Luftwaffe. Wir sind militärisch geschult wie vielleicht kein anderes Volk auf der Erde, und trotzdem ahnen wir: ›Mit unserer Macht ist nichts getan, wir sind gar bald verloren . . .‹ Wenn – ja, wenn Gott nicht hilft! Wir sind geschützt durch starke Waffen, doch wer gibt uns die Garantie, daß alle, die wieder ins Feld hinausziehen müssen, auch unversehrt wiederkommen? Ja, ob sie überhaupt wiederkommen . . .?«
Hier bekommt man keine Propaganda vorgesetzt, dachte ich, sondern die ungeschminkte Wahrheit. Der Prediger gefiel mir. Ich hörte ihn und dachte dabei an die grauenhaften Bilder des Krieges, die wir in Filmen zusammenstellen mußten.

»Mitten im Leben, mitten im Toben der Schlacht, sind wir vom Tod umfangen. Wen suchen wir, der Hilfe bringt, daß wir Gnade erlangen? Du bist es, Herr, allein!«

Der Gottesverkündiger blickte flehentlich empor: »Wie lesen wir im Psalm: ›Einem König hilft nicht seine große Macht; ein Riese wird nicht errettet durch seine große Kraft. Rosse helfen auch nicht, und ihre große Stärke errettet nicht.‹«

Nein, dachte ich, auch nicht 100 Pferdestärken der Panzermotoren! – Sie können im russischen Schlamm versinken wie die Ägypter einst im Roten Meer. Der Pfarrer in der Felduniform fuhr fort:

»Wir wissen nicht, was auf uns wartet. Aber wir Christen haben eines: Und zwar unseren fröhlichen, starken, gewissen Glauben, den wir durch unseren Herrn Jesus Christus bekommen haben. Wir wissen, mag kommen, was da will: Ein' feste Burg ist unser Gott . . .!«

O ja, diese feste Gewißheit und Zuversicht hatte unser Beter vom Dienst – der Gefreite Reinhold Wegmann. Das hatten wir in den vergangenen Wochen erlebt. Ich schaute mir meine »guten Kameraden« an. Der Pfarrer ließ eine Platte auflegen und forderte die Soldaten auf, mitzusingen.

»Jesu, geh voran auf der Lebensbahn,
und wir wollen nicht verweilen,
dir getreulich nachzueilen.
Führ uns an der Hand bis ins Vaterland.«

Ja, dieses Vaterland war es wert, daran zu glauben und zu beten – das konnte ich gut verstehen. Wenn auch beileibe nicht alle mitsangen, es war aber doch eine große Schar, die den Text der zweiten Strophe kannte:

»Sollt's uns hart ergehn, laß uns feste stehn,
und auch in den schwersten Tagen
niemals über Lasten klagen;
denn durch Trübsal hier geht der Weg zu dir.«

Den Text der letzten Strophe las der Pfarrer vor, ehe die große Soldatengemeinde einstimmte:

»Führst du uns durch rauhe Wege,
gib uns auch die nöt'ge Pflege.
Tu uns nach dem Lauf deine Tür auf.«

Noch einmal faßte der Feldgeistliche zusammen: »Darum, meine Kameraden, so spricht der Psalmist: Seid stille und erkennet, daß ich Gott bin. Seid stille, ihr meine Brüder. Seid stille, ihr Eltern und Frauen und Bräute und vertraut euch dem an, der euer Gott ist, eure feste Burg; denn so schrieb der Prophet: Durch Stillesein und Hoffen würdet ihr stark sein . . .«

Laut und kräftig hallte das Amen durch den sowjetischen Kulturpalast.

Hauptmann Wockenfuß hat von unserem Ausflug zum Feldgottesdienst erfahren. Er fühlt sich ein wenig hintergangen; doch macht er es nicht zur »Staatsaktion«. In echter »Feldherrnpose« empfängt er uns in seinem Arbeitszimmer: »Meine Herren, ich glaube, wir entwickeln uns noch zur Sondereinheit für Kirchenpropaganda. Was sollen wir denn mit allerliebsten Aufnahmen von der Eröffnung einer russischen Klosterkirche? Meinen Sie, der Minister für Volksaufklärung und Propaganda empfindet eine stärkeres Interesse an solchen Filmdokumenten?«

Sofort melde ich mich zu Wort: »Hauptmann, bekanntlich werden solche Szenen in der Wochenschau, im neutralen Ausland, einen großen Eindruck hinterlassen . . .«

»Sie haben mir doch hoffentlich keine Aufnahmen vom deutschen Feldgottesdienst gemacht, denn so etwas paßt beileibe nicht zum germanischen Heldenepos.« Ironisch schmunzelnd blickt er uns an.

»Also gut, von mir aus sollen sich die Herren Zensoren im Propagandaministerium bei der Auswahl damit herumschlagen. Mir soll's egal sein, ob solche Filmstreifen veröffentlicht werden oder ins Filmarchiv oder sogar in den Abfalleimer wandern. Hoffentlich hetzen sie uns nicht über kurz oder lang einen ideologisch geschulten Fachmann als Aufpasser auf den Hals, der uns dann Anweisungen zu erteilen hat, was wir zu drehen haben und was nicht. – Wir müssen sehen, daß wir bald unseren ›Blitzkrieg im Osten‹ beendet haben. Sie verstehen mich, ich meine den geforderten Film, so daß wir in Berlin damit nicht zu spät kommen, meine Herren. Also gehen Sie an die Arbeit!«

Die letzten Worte des Chefs hatten geradezu prophetischen Charakter – der deutsche Blitzkrieg sollte bald vor den Toren Moskaus und Leningrads zum Stehen kommen.

Iwan Sadko, der als Rußlandkenner uns zur Seite stehen soll, entwickelt sich immer mehr zum Agitator für den Marxismus. Für uns bleibt seine Haltung unverständlich. Wir ermahnen ihn, sich doch vorsichtiger zu verhalten, sonst würde er vielleicht eines Tages als ehemaliger Politoffizier in irgendein Lager abtransportiert werden. Trotzdem macht er aus seiner politischen Ansicht keinen Hehl.

Seitdem Reinhold Wegmann an unserer Filmgestaltung mitarbeitet, kommt es immer wieder zu größeren Streitgesprächen. Oft zitiert der Russe Ludwig Feuerbach, den Philosophen des Atheismus: »Gott ist doch nichts anderes als eine Wunschvorstellung der Menschen, die aus einem Verlangen nach Glück und sinnlicher Berauschung entstanden ist. Gott ist nichts weiter, als der in der Phantasie befriedigte Glückseligkeitstrieb des Menschen. Der Gott der Christen unterscheidet sich von den Göttern der Heiden nur nach deren vorgesetzten Wünschen. Nein, nein – Gott existiert nicht, sondern der Mensch bleibt die einzige und letzte Wirklichkeit und deshalb auch der letzte Maßstab . . .«, verkündet er mit Nachdruck und versucht, die Glaubensüberzeugung von Reinhold Wegmann zu erschüttern.

Reinhold Wegmann aber bleibt dem Russen keine Antwort schuldig. Jede Herausforderung zum Wortgefecht nimmt er an: »Der Mensch versucht immer wieder neu einen philosophischen oder weltanschaulichen Turm in Babel zu bauen. Auf diese Weise wird er aber niemals zum erwünschten Ziel gelangen. Wer wirklich sehen will, der muß einfach etwas von der Allmacht und dem Schöpferreichtum Gottes erkennen. Deshalb lesen wir von den offensichtlichen Wunderwerken der Schöpfung in der Bibel: Was man von Gott erkennen kann, ist allen Menschen wohlbekannt; denn Gott hat sein unsichtbares Wesen, seine ewige Kraft und Gottheit seit der Erschaffung der Welt deutlich in seinen Werken zu erkennen gegeben, nämlich in der unnachahmlichen Gesetzmäßigkeit und in dem unausdenkbaren Schöpferreichtum seiner Werke. Deshalb hat vor Gott keiner eine Entschuldigung, nicht in der Lage gewesen zu sein, ihn nicht erkennen zu können – man braucht nur auf die grandiosen Werke zu schauen . . .«

»Ja«, fährt Iwan Sadko dazwischen, »wenn sich Gott einmal persönlich in der sichtbaren Welt zeigen würde, könnten die Menschen ihm glauben! Weshalb gibt es denn so viele Grausamkeiten im Kampf ums Dasein? Weshalb geschehen so viele Naturkatastrophen wie Erdbeben, Sturmfluten und alles vernichtende Überschwemmungen? Warum sterben Millionen an Seuchen und Epidemien?«

Reinhold Wegmann anerkennt den Wunsch des Russen: »Auch ich habe mir schon des öfteren gewünscht, Gott möge doch aus seiner Verborgenheit herauskommen – nur einmal als strahlendes Licht am Weltenhimmel, heller als die Sonne, erscheinen und somit seine überirdische Herrlichkeit kundtun, um seiner Kraft Nachdruck zu verleihen. – Ich bin mir aber auch darüber im klaren, wenn so etwas geschehen würde, daß sich dann alle Weltweisen zusammentun, um den Versuch zu unternehmen, alles wissenschaftlich oder philosophisch zu erklären. Durch Vertrauensbruch trennte sich der Mensch von seinem Schöpfer; deshalb hat Gott es so geführt, daß er als Krone der Schöpfung nur durch neues Vertrauen wieder in die Gemeinschaft seiner Herrlichkeit kommen kann. Ohne Glauben ist es eben unmöglich, Gott zu gefallen.«

»Haben wir denn nur noch ein Thema?« ruft Hauptmann Wockenfuß, der an seiner Schreibmaschine sitzt und sich auf das Textbuch zum Film konzentriert.

»Vielleicht halten wir hier demnächst Gottesdienste ab? Begnügen wir uns damit, daß das Endliche das Unendliche nicht zu fassen vermag; so haben wir es doch schon im Gymnasium gelernt.«

Wegmann läßt auch diese Weisheit nicht im Raum stehen: »Wir Menschen können eben nur Irdisches begreifen, deshalb gibt es auch keinen intellektuellen oder philosophischen Zugang zu Gott – uns trennt unsere Sünde von dem ewigen Vater, der nur aus dem Wesen der Heiligkeit besteht und deshalb keine Gemeinschaft mit der sündhaften, zum Tode verfallenen Materie haben kann. Wer uns mit Gott in Verbindung bringen kann, muß eben Gott und Mensch sein – deshalb hat sich Gott in seinem Sohn Jesus Christus geoffenbart. Es übersteigt zwar unser Fassungsvermögen, aber durch den Heiligen Geist können wir es verstehen . . .«

»Mensch, Wegmann, das ist wirklich für uns alle eine zu hohe Kunst – da müßte man ja Theologie studiert haben«, ruft der Hauptmann. Für Wegmann ist die Diskussion beendet.

Im Vorhof der Hölle

Inzwischen wandelt sich der Spätherbst bereits zum Winter. Der Blitzkrieg ist ins Stocken geraten. Die erste volle Kampfkraft der Panzerdivision wird nicht mehr erreicht. Vor Moskau zerbricht die Schlagkraft der Deutschen Armee. Hier gerät zum ersten Mal auch der Glaube der Unbesiegbarkeit der Wehrmacht ins Wanken.

Immer wieder erfahren die Frontoffiziere, was es heißt, zu wenig Soldaten, zu wenig Waffen und fast keine Frostschutzmittel zu haben. Die Männer an der vordersten Front erfrieren und verbluten, weil sie noch in Sommermänteln bei Temperaturen bis zu vierzig Grad unter Null kämpfen sollen.

Gerade das Fehlen der Frostschutzmittel zeigt sich beim Gebrauch der Waffen als heimtückisch. Keiner weiß beim Angriff: Schießt das Gewehr, geht das Maschinengewehr los oder bleibt die Munition in der Kammer stecken? An einen Angriff oder an einen Gegenstoß ist bei einer solchen Unsicherheit der Feuerbereitschaft überhaupt nicht zu denken. Als Propagandakompanie werden wir bald mit denselben Schwierigkeiten konfrontiert.

Die eisenharte Hand des Krieges packte zu. Wir steckten erneut im gröbsten Dreck des Krieges. Franzl Beck hat uns wieder erreicht. Nachdem seine Verletzung ausgeheilt war und er seinen 14tägigen Genesungsurlaub in der Heimatstadt Berlin genossen hatte, sind wir wieder als Sonderstaffel zur Berichterstattung beisammen.

Man hat uns erneut an die Nordfront verfrachtet. Das Gelände sieht übel zugerichtet aus. Der Weg zu unserem Bunker windet sich durch ein Trichterfeld. Die Zeit des großen Blitzkrieges ist vorüber – wir lernen das Bunkerdasein kennen. Der Baumbestand um unseren Wohnbunker wurde von sowjetischen Granaten zerfetzt und stark gelichtet. Im weiten Umkreis gibt es keinen sauberen Schnee mehr. Alles hat sich in eine seelenlose Wüstenei verwandelt. Die Stufen zum Bunker sind derart ausgetreten und vereist, daß man oft nur wie ein »lebendiger Schlitten« abwärts saust und mit den Beinen gegen die Tür donnert.

Walter Häberle läßt sich seine schwäbische Urgemütlichkeit nicht rauben: »Dohoim isch dohoim. Wenn au die Wohnhöhle unten vrlaust ond vrdreckt isch, ja, wenn selbscht die Stoine aus em Ofa fallet und des Fenschter koi Licht spendet – ma hot doch emmer no a sichere Stätte. Aufwärma könnt ma els scho. Dohoim isch eba dohoim. Do mißt's scho arg zugeha«, sagt er mehrmals am Tag.

Hin und wieder rieselt der Dreck von der Decke – es heult heran und kracht. Sowjetische Granaten explodieren. Doch man freut sich an der Geborgenheit im Bunker.

»Immer noch besser, als seine Schnauze in den dreckigen Schnee zu stecken«, lamentiert Franzl.

Im großen und ganzen vertragen wir uns prächtig. Beim Essen und Trinken sind wir genauso vereint wie bei Kälte und Beschuß. Seit einigen Wochen haben wir einen neuen Wortberichter bekommen, von dem wir noch nicht recht wissen, weshalb er uns zugeteilt wurde. Hauptmann Wockenfuß meint, er sei ein eingefleischter Nationalsozialist, der unsere Arbeit ideologisch überwachen soll. Seinem Namen, Harald Biersack, macht er alle Ehre. Er ist ein großer Freund des Alkohols. Er kann Unmengen Bier, Schnaps und Wein verkonsumieren; doch er ist niemals betrunken. Mit Reinhold Wegmann hat er sich schon wegen dessen Glauben angelegt.

Doch auf Wegmann macht das nicht den geringsten Eindruck. Am Morgen liest er in seinem Losungsbüchlein der Herrnhuter Brüdergemeine, betet zu Tisch und ist gegen jedermann freundlich.

Gestern sind einige Decken, dicke Fausthandschuhe und Ohrenschützer aus der Heimat angekommen.

»Det riecht noch janz nach Mottenkiste, und allet is doch piekfein sauber, wie bei Muttern«, stellt Franzl fest.

Wie ich so die Decken ansehe, denke ich unwillkürlich an Omas gute Stube mit dem alten Plüschsofa und an das Zimmer meiner größeren Tochter. Man hält lächelnd ein Stückchen Heimat in der Hand und bemerkt, wie weit man doch von jeglicher Zivilisation entfernt ist – verbannt, wie auf einem fernen Planeten.

Gerade sitze ich am Feuer und schreibe mühsam eine »positive

Berichterstattung« vom Frontleben, da läutet draußen die Alarmglocke.

Ein Melder von der Nachbarbatterie stürzt herein: »Alarm! Die Russen sind durchgebrochen!«

Wie ein Lauffeuer verbreitet sich diese Schreckensmeldung an der gesamten Front. Es heißt, eine starke, gut ausgerüstete Stoßarmee Stalins sei südlich des Ilmensees auf engstem Raum durch alle Verteidigungssysteme der Deutschen durchgebrochen. Diese Situation ist für die deutsche Armee ganz neu. Zum ersten Mal sind wir in die Rolle des Verteidigers gedrängt. Ab jetzt befinden sich auch alle rückwärtigen Einheiten in höchster Alarmbereitschaft.

Franzl schaut den abgehetzten Melder mitleidig an: »Det is wohl een Jreuelmärchen aus Stalins Trickkiste, wat? De Russen sind doch von uns längst besiecht. Die habn doch nur det letzte Aufjebot zusammenjetrommelt. Nee, nee, – det jlobe ick nich, von wechen, durchjebrochen!«

Ich schaue mir Franzl von der Seite an und ahne, er spielt nur vor unserem neuen Wortberichter Theater. Über seinem Gesicht liegt eine Mischung von Ironie und Furcht. Der Biersack hat schon einige Schnäpse hinter die Binde gekippt; seine Wangen glühen wie nach heißem Tee mit Rum.

»Man wird zu prüfen haben, woher die Meldung stammt. Ich bin der Meinung, daß wir als Propagandakompanie unsere direkten Befehle vom Armeekommando erhalten.« Herausfordernd schaut der Wortberichter zum erregten Melder der Artillerie.

»Aber die russischen Spähtrupps sind doch dicht neben unserem Stabsquartier vorbeigezogen – einfach ins weite Hinterland vorgedrungen«, berichtet der Melder.

Hauptmann Wockenfuß beendet die Diskussion: »Wegmann und Häberle, machen Sie sich bereit zum Meldegang. Versuchen Sie, sich bei der 18. motorisierten Infanteriedivision über die Lage eingehend zu erkundigen.«

Die beiden wickeln sich in wollene Schals, ergreifen ihre Gewehre und setzen ihre Stahlhelme auf. Dann melden sie sich beim Chef ab.

Franzl, mein unermüdlicher Träger von Filmkassetten, hat den Wechselsack und den neu aufgeladenen Akku bereitgelegt.

Am nächsten Morgen werden wir zum ersten Einsatz befohlen.

Unser Auftrag: Berichterstattung, wie der deutsche Soldat mit der neu entstandenen Lage fertig wird! »Bitte um positive Berichterstattung!« rief Hauptmann Wockenfuß.

Wir sammelten uns an einer Waldschneise. Ein Spähtrupp aus Zahlmeistergehilfen, Schreibstubenpersonal, Bäcker, Feldpostmeister und einigen älteren Frontsoldaten war zusammengestellt.

»Selbst mit diesen frontunerfahrenen Soldaten werden wir die durchgebrochenen Horden zum Stehen bringen«, prophezeite Harald Biersack. Diesen zusammengewürfelten Haufen führt ein erfahrener Oberfeldwebel der Infanterie. Vor allem sollten wir Gefangene einbringen, um einen Überblick zur augenblicklichen Situation zu bekommen. Die meisten hatten keine weißen Tarnhemden an. Wir trotteten durch den hohen Schnee. – Boris Fenzlau hatten wir als Übersetzer mitgenommen. Niemand kannte sich im Gelände aus. Es war für die Armee der erste, direkte Frontwinter; niemand war gewöhnt, bei Temperaturen um 30 Grad unter Null hier in Nordrußland zu operieren. Dieser verfilzte Wald war voller Gefahren. Die großen, weißen Wälder gaben den geübten russischen Truppen gute Gelegenheit, sich im Hinterhalt versteckt zu halten.

Vom hellen Licht geblendet, das auf den Schnee fiel, hatten schon einige dieser kampfunerfahrenen Leute aus der Etappe entzündete Augen bekommen. Am Ende einer Waldschneise kamen wir auf eine schmale Straße. Die knirschenden Geräusche machten uns nervös. Auch wenn plötzlich eine große Ladung Schnee von den Bäumen fiel, zuckten wir zusammen. Nur Franzl hatte gute Laune: »So 'nen Winterausflug im dicht verschneiten Wald habe ick mir schon immer jewünscht. In Jottes freier Natur kann man um so herzhafter atmen.«

»Schnauze!« rief der dicke Biersack zurück. »Sie wollen wohl die Russen mit aller Macht auf uns aufmerksam machen!«

»Na, na, nu mal janz ruhig mit die jungen Pferde. Wer wird denn so 'ne Angst haben?« konterte Franzl.

»Schnauze!« rief der Wortberichter keuchend rüber.

Bald erreichten wir eine Mulde, durch die sich ein Bach zog. Ob uns die Eisschicht tragen konnte, wußte niemand. Es gab in diesen Wäldern auch warme Quellen. Vor dem Graben waren tiefe Schneewehen; man sank bis zu den Knien ein. Wir suchten eine Stelle, wo der Bach am schmalsten war.

Schließlich fanden wir einen umgestürzten Baum, der über dem Bach lag. Einer nach dem andern konnte jetzt über diesen Baum das andere Ufer erreichen. Die Männer der rückwärtigen Dienststellen keuchten und stöhnten. Wir mußten mehrmals eine Pause einlegen.

Unsere Kameras hatten wir in dicke Decken gewickelt, weil wir befürchten mußten, daß die Verschlüsse einfroren. Bald hatten wir eine größere Waldschneise erreicht. Die Schneedecke war hier dünner, aber sehr verharscht. Bei jedem Schritt knirschte es, so daß wir dachten, alle russischen Vorposten könnten es hören. Wir kamen nur noch langsam voran. Es begann zu schneien. Der Wind trieb die Schneeflocken über den Boden. Plötzlich kamen mir, trotz der hochgefährlichen Situation, weihnachtliche Gedanken. In mir klang es: »Leise rieselt der Schnee . . .«

Der stärker werdende Ostwind trieb uns die nassen Flocken ins Gesicht. Im gewissen Sinn waren wir froh, daß der Wind so heulte, denn jetzt konnte man uns auf dem verharschten Schnee nicht mehr so deutlich hören. Die Infanteristen trotteten gebeugt unter der Last ihrer schweren Waffen und Munitionskästen einer hinter dem anderen her. Um uns der Feindeinsicht zu entziehen, krochen wir hinter einer Hecke dem Waldrand entgegen, doch dann mußten wir wieder über flaches Feld. Plötzlich peitschten Gewehrschüsse von zwei Seiten an uns vorbei. Alle preßten sich hinter die schneebeladenen Büsche. Schnaufend lag Franzl neben mir: »Elender Mist! Jetzt sind wir auf der Abschußliste! Auf dem freien Feld kommen wir nicht vor und nicht zurück.«

Der Oberfeldwebel blickte angestrengt durch sein Fernglas: »Menschenskinder, zu unserer Linken stehen doch zwei deutsche Panzer!« Er reichte mir das Glas. »Oder irre ich mich?« Das Glas beschlug sehr schnell wegen des starken Temperaturunterschiedes. Trotzdem hatte ich sofort die deutschen Panzer erkannt: »Natürlich sind das unsere!« Der Oberfeldwebel zog seine Leuchtpistole und schoß das deutsche Zeichen: rot – grün – rot. Das Zeichen wurde von unseren Truppen beantwortet. Sogleich richtete sich das Artilleriefeuer der deutschen Panzer nur noch gegen die russische Stellung. Ich schraubte das große Teleobjektiv auf die Kamera. Nun konnte ich zum ersten Mal einen deutschen Panzer feuernd von vorn filmen. Neben mir lagen zwei Landser, die Köpfe tief in den Schnee gedrückt. Nach ihren dunklen

Stahlhelmen zu urteilen, waren es zwei von den sogenannten »Küchenbullen« mit rundlichen Schmerbäuchen. Beide stöhnten vor Angst um die Wette.

Der Oberfeldwebel redete ihnen gut zu; es sei doch gar nicht so schlimm, wir hätten doch jetzt Feuerunterstützung durch die beiden Panzer. Fast väterlich versuchte er, auch die anderen Schreibstubensoldaten zu beschwichtigen, während wir von der russischen Seite gezieltes MG-Feuer erhielten. Jetzt, da ich so die hintereinanderliegenden Männer im Schnee filmte, mußte ich an unsere ersten heroischen Aufnahmen vom Blitzkrieg denken, als wir direkt hinter der Panzerspitze und dem Kübelwagen des kommandierenden Generals mitfuhren. Nun galt es, den harten Kampf des heimtückischen Waldkrieges zu fotografieren. Die Russen waren Meister dieser Kampfart. Sie nisteten sich im Unterholz ein und feuerten aus verschneiten Tannendickichten und verborgenen Fallen. Wie sollte man hier gute Bilder bekommen, wo Grenadiere in der kleinsten Deckung verschwinden, wo man wohl Gefechtslärm hört, aber wenig sieht? Ich dachte an Reinhold Wegmann und Walter Häberle.

Wie würde es ihnen, völlig allein auf sich gestellt, in diesen verfilzten, feindseligen Wäldern ergehen? Ob sie den Divisionsstab überhaupt erreichen würden?

Bald brach der Feuerzauber ab. Nur einzelne Gewehrschüsse fielen noch hie und da – anscheinend hatten sich die Russen zurückgezogen. Einige Minuten lauschten wir noch abwartend im Heulen des Ostwindes. Vom Wald her vernahmen wir wieder das Mahlen der Raupenketten. Die deutschen Panzer wurden abgezogen, ohne daß wir sie nochmals zu Gesicht bekamen.

Unseren Spähtruppauftrag hatten wir noch nicht erfüllt. Stundenlang ging es weiter. Es wurde noch dunkler. Mit unseren Kameras konnten wir nichts mehr aufnehmen; doch waren wir bis zum Ende des Spähtruppunternehmens an die Einheit gebunden, denn wir hätten auch schwerlich den Weg zu unserer Ausgangsstellung gefunden. Langsam kamen wir einem Gebüsch näher. Der Oberfeldwebel vermutete in etwa 100 Metern Entfernung eine russische Stellung.

»Alles in Deckung!« rief der Spähtruppführer. Von jetzt an krochen und robbten wir auf dem verharschten Schnee. Der Wind hatte etwas nachgelassen – es schneite nur noch wenig. Das mysteriöse Gebüsch rückte immer näher – nichts rührte sich. Jetzt hatten wir das Gebüsch erreicht – die Zweige bogen sich unter der Schneelast. Das rieselnde Geräusch ließ uns immer wieder erschrecken. Mein Herz begann laut zu schlagen. Atemlos lagen wir da. Ich preßte mich fest in den Schnee – dann hob ich leicht den Kopf und entdeckte hinter dem Gebüsch dunkle Gestalten.

Es mochten sechs bis sieben Russen sein. Der Oberfeldwebel bedeutete allen, in Deckung zu bleiben, indem er seine Hand nach hinten gestreckt zu Boden senkte.

Schneetreiben setzte wieder ein – die Russen lagen immer noch in ihrer Stellung, nichts rührte sich. Uns war klar, sie mußten uns längst beobachtet haben, sonst wären sie weitergekrochen. Die Nerven waren bis zum Zerreißen gespannt. Wie viele Russen lagen noch in der näheren Umgebung? Wir hofften wohl, einen oder zwei von ihnen ergreifen zu können, um uns dann zurückziehen zu können. Biersack hatte kurz seinen Kopf gehoben, um ihn dann sofort wieder in den Schnee zu bohren. Sein aufgedunsenes Gesicht schien um Jahre gealtert – vor Erregung war es von Falten zerknittert. Er atmete schwer. Franzl lag neben mir wie ein Wachhund und starrte voller Mißtrauen auf die dunklen Klumpen im Schnee. Auch er hechelte vor Angst.

Jetzt erhob sich der Oberfeldwebel mit der Maschinenpistole in der Hand. Seinem Beispiel folgten zwei – drei andere Schreibstubensoldaten. Mit einem energischen Satz sprang der Spähtruppführer in die feindliche Stellung hinein, warf sich auf den ersten Russen, umklammerte ihn und rollte mit ihm im Schnee. Die anderen aufgestandenen Soldaten folgten dem Oberfeldwebel. Auch sie stürzten sich auf die liegenden Gestalten.

»Elender Mist!« schrie der Oberfeldwebel. »Die Kerle sind längst tot und steif wie Bretter!«

Jetzt erhoben sich auch die übrigen. Mir war zum Lachen zumute, aber ich unterdrückte den enormen Lachreiz. Wir hatten im Eifer des Gefechts, wie Don Quichotte, zwar nicht mit Flügeln von Windmühlen, sondern nur gegen leblose Russen gekämpft. Die Russen waren schon seit Stunden tot – der Frost hatte sie erstarren lassen. Langsam sammelte sich die Einheit um die Toten.

Franzl hatte als erster seine Stimme wiederentdeckt: »Menschenskinder, det war nun wirklich keen germanischer Heldenkampf! – Een par Gefrierfleischsowjets können nischt aussagen. Mensch, wenn det der Adolf wüßte, wie schwer et is, ooch nur eenen Bolschewiki lebendig bei diesem Waldkampf zu erbeuten!«

Dem Biersack paßte dieser Kommentar überhaupt nicht. Sehr spitz pfiff er Franzl an: »Aber Kamerad, wie sprechen Sie denn über den Oberbefehlshaber und Führer des Großdeutschen Reiches?«

Der Oberfeldwebel half dem verdutzten Franzl: »Also, hier im absoluten Feindgebiet bitte keine großartigen Debatten! Gehen wir weiter!«

Nach stundenlangem, äußerst anstrengendem Marsch durch Schnee und Eis erreichten wir erst lange nach Mitternacht unsere Ausgangsstellung. Die Männer des Spähtrupps, Leute aus allerlei Nachschubeinheiten, aus Schlächtereien, Bäckereien und Schreibstuben waren zu Tode erschöpft. Auch wir Wortberichter spürten unsere Knochen und Herzen. Unseren Kampfauftrag hatten wir nicht erfüllt. Aber von jetzt an war ein geflügeltes Wort geboren. Immer, wenn irgend etwas an der Front danebenging und unser NS-Agitator nicht anwesend war, hieß es schlicht und einfach: »Wenn das der Adolf wüßte!«

Unsere Meldegänger Reinhold Wegmann und Walter Häberle sind auch unverrichteterdinge und erschöpft zurückgekehrt. Es ist ihnen nicht möglich gewesen, den Divisionsgefechtsstand zu erreichen. Starke sowjetische Ski-Bataillone haben die Verbindung unterbrochen. Die Gesamtlage ist völlig unübersichtlich. Arktische Kälte breitet sich aus. Das Thermometer sinkt unter vierzig Grad. Temperaturen, die die deutschen Soldaten noch nie erlebt haben. Zum Schutz gegen diese extreme Kälte werden die Verteidiger erfinderisch: Stahlhelme werden im Innern mit Filzeinlagen, meist aus gefundenen Oberteilen sowjetischer Militärmützen, ausgefüllt. Andere drücken geknülltes Zeitungspapier oder notfalls auch einige Taschentücher in den Helm. Einlagesohlen aus Stroh oder Papier sind den besonders gegen Frost empfindlichen Füßen zum Schutz vor Erfrierungen in die zu engen Stiefel eingelegt. Die Knie werden mit mehreren Lagen weichgeriebenen Zeitungspapiers umwickelt. Auch die Brust wird mit Zeitungspapier geschützt. Der Winter lehrt uns viele Dinge. Unser Bunker wird immer besser ausgebaut. Mit Schnee haben wir eine große Barriere gegen die Kälte und den Feind geschaffen. So paradox das klingt: Schnee hält dreimal so warm wie Holzwände. Schnee ist ein guter Schutz gegen den eisigen Ostwind. Entsprechend der Frontlage und dem Frontauftrag gibt es verschiedene Arten von Schneebauten: Schneelöcher – Schneehöhlen – Schneegruben – ja sogar ganze Schneehäuser, ein Iglu nach Eskimoart. Unser Bunker ist eine rechte Schneehöhle. Am Eingang des Bunkers haben wir zwei mächtige Schneewände zum Schutz gegen Wind und Infanteriebeschuß gebaut. Somit ist das schnelle Eindringen von kalter Luft unterbunden. Auf der Decke des Bunkers liegt ein Meter Schnee. Unsere Sandsackpackungen haben wir durch Aufgießen von Wasser gehärtet.

Der Boden des Bunkers wurde mit einer Schicht Reisig und Laub ausgelegt. Weiter haben wir gelernt: Die Sichtverhältnisse sind bei klarem Frostwetter gut. Auch Geräusche sind aus weiter Entfernung zu vernehmen. Bedeckter Himmel erschwert die Beobachtungen; man kann keine genaue Geländebeurteilung und Zielbezeichnung vornehmen, da Höhlen und Mulden sich äußerst wenig abzeichnen und einem Beobachter beim Schätzen einer Entfernung größere Fehler unterlaufen.

Durch das fehlgelaufene Spähtruppunternehmen haben sich bei uns einige Erschöpfungszustände gezeigt. Am Morgen erwachte ich mit leichtem Fieber und träumte, von mütterlichen Händen behütet und gepflegt zu sein. Meine Glieder waren heiß und schwer. Ich empfand es als angenehm, mich einmal so richtig fallenlassen zu können, als immer angespannt auf Feindgeräusche achten zu müssen. Offenbar hatte ich im Traum phantasiert – ich meinte, die Mutter würde mir über die Stirn streichen. Als ich erwachte, merkte ich, daß es Reinhold Wegmann war, der mir den Schweiß von der Stirn trocknete: »Wie geht es Ihnen, Herr Leutnant?« fragte er sehr behutsam und hilfsbereit.

»Ach, Sie sind es, Wegmann! Habe ich im Traum gesprochen?«

»Ja, Herr Leutnant. Sie sagten mehrmals: ›Mutter, hilf.‹«

»Ach so«, sagte ich und bemerkte, daß wir allein im Bunker waren.

»Wo sind denn die anderen?«

»Die versuchen, Lebensmittel aufzutreiben, Herr Leutnant. Häberle und Franzl stehen Wache.«

Ich blickte auf das aufgeschlagene Losungsbüchlein und die

Bibel meines Kraftfahrers: »Was haben Sie denn heute gelesen, Wegmann?«

»Sie werden staunen, Herr Leutnant, aber so ist es nun manchmal: ein Psalmwort Davids. Darf ich es lesen?«

»Ja bitte, lesen Sie, Wegmann.«

Mit weicher Stimme las er: »Fürwahr, meine Seele ist still und ruhig geworden, wie ein kleines Kind bei seiner Mutter; wie ein kleines Kind, so ist meine Seele in mir«.

Er schaute mich über seinen Brillenrand freundlich an.

»Haben Sie das vorhin auch laut gelesen?«

»Ja, Herr Leutnant.«

»Ach, deshalb«, sagte ich.

»Ja, hier in der Schneewüste von Rußland gibt mir solch ein Wort eine unbändige Sehnsucht nach der Heimat.«

»Es gibt nur eine wirkliche Heimat, Herr Leutnant.«

»Und die wäre . . .?« fragte ich, obwohl ich schon wußte, was mein Kamerad mir sagen würde.

Er blätterte in der Bibel, dann las er schlicht und freundlich: »Und ich sah einen neuen Himmel und eine neue Erde; denn der erste Himmel und die erste Erde sind vergangen . . .«

»Und das glauben Sie einfach?« fragte ich.

»Ja, Herr Leutnant – ich weiß es ganz gewiß.«

»Wie können Sie das wissen, Wegmann?«

»Der mir durch seinen Geist neues Leben gab, der hat das alles festgelegt.« Dann las er wieder aus der Heiligen Schrift: »Siehe da, die Hütte Gottes bei den Menschen! Und er wird bei ihnen wohnen, und sie werden sein Volk sein, und er selbst, Gott mit ihnen, wird ihr Gott sein; und Gott wird abwischen alle Tränen von ihren Augen, und der Tod wird nicht mehr sein, noch Leid noch Geschrei noch Schmerz wird mehr sein; denn das Erste ist vergangen.«

Ich hatte meinen Kraftfahrer nicht unterbrochen. Diese Worte waren mir heute wie Balsam für den kranken Körper. Ich meinte, alles aus einer anderen Welt zu hören. Es klang wie eine Botschaft aus dem verlorenen Paradies. Ich war froh darüber, daß wir allein waren. Draußen krachte es unaufhörlich, so daß die Balken geschüttelt wurden. Eiskristalle rieselten durch das Stroh von der Deckenverkleidung. Wegmann unterbrach seine Lesung und lauschte nach draußen.

Ich war dazu viel zu benommen und erschöpft. Das Fieber hatte meine Kräfte sehr beeinträchtigt: »Lesen Sie weiter«, sagte ich.

Wegmann begann wieder: »Und der auf dem Thron saß, sprach: Siehe, ich mache alles neu! Und er spricht: Schreibe, denn diese Worte sind wahrhaftig und gewiß.«

Wieder hörte man heftige Detonationen und harte Einschläge. Sägemehl und Späne rieselten von der Decke.

»Ja, ja«, sagte ich. »Es muß auch alles neu werden, sonst geht die ganze Menschheit zugrunde.« Meine Wangen glühten; das Fieber stieg offenbar.

»Was meinen Sie, Wegmann, können wir überhaupt aus diesem Dreck noch gesund und heil herauskommen?«

»Alles steht in Gottes Hand, Herr Leutnant. Wichtig ist nur, bereit zu sein, Gott zu begegnen. Als Konfirmanden haben wir gelernt:

›Es ist fürwahr nicht Menschenkunst,
auf sicheren Wegen gehen;
führt uns nicht Gott und Gottes Gunst,
wird's oftmals seltsam stehen.
Es zieht der heiligen Engelschar
mit Waffen ausgerüst',
und wehret hier und wehret da,
des bösen Feindes List.‹«

»Wegmann, man kann Sie nur beneiden«, sagte ich matt.

Heftiges Stimmengewirr war zu hören. Hauptmann Wockenfuß kam mit dem »nationalsozialistischen Nebelhorn« zurück, so nannten wir Biersack neuerdings.

Die ergatterten »Fressalien« waren der Gesamtlage des nordischen Kriegsschauplatzes angepaßt, nämlich spartanisch und karg.

Der Höhepunkt der schnellen Kriegserfolge war überschritten. Ein erster Wendepunkt im Kriegsgeschehen zeichnete sich ab. Die großen Anstrengungen der letzten Tage hatten mich schwer mitgenommen. Ich hatte weiterhin leichtes Fieber und litt unter merkwürdigen Kreislaufstörungen; deshalb blieb ich auch tagsüber auf meinem Feldlager liegen. Ich dachte an die Fronttruppen in den vordersten Stellungen; sie hatten jetzt Entsetzliches zu leiden. Seit Tagen sank das Thermometer auf fünfundvierzig Grad unter Null – die Luft war wie Kristall. Man konnte diese glasklare Unendlichkeit fast zerschneiden. Aus den Schneehöhlen stiegen kerzengerade weiße Qualmwolken empor. Der russische Winter brachte lang andauernde, arktische Kälte, oft bis um fünfzig Grad unter Null, zwar abwechselnd mit kurzen Tauperioden, Schneefällen, Nebel und undurchsichtiger Lufttrübung.

Deshalb war auch über Tage jede Kampftätigkeit zum Erliegen gekommen. Für uns Bildberichter gab es keine lohnenden Kriegsszenen zu filmen. Die Nächte waren jetzt fast so hell wie die sehr kurzen Wintertage. Riesengroß blinzelte der silberhelle Vollmond am Hügel; ein erschreckend großer Mond. Ungehindert drang die Kälte des Weltraums in die harte, urwüchsige, nordische Landschaft ein. Wenn die Posten reinkamen, konnten sie sich die Eisnadeln aus den Wintermänteln schütteln, und bald tauten dann die Eiszapfen aus ihren Bärten.

Es gab erschreckend viele Erfrierungen. Der Gang der Frontsoldaten wurde unsicher, die Sinne drohten ihnen bei dieser mörderischen Kälte zu schwinden – Puls und Atmung verlangsamten sich. Die von Erfrierungen befallenen Körperteile wurden blaß und empfindungslos, später dann blaurot. Bald traten brennende und stechende Schmerzen auf. Der Kälte ungewohnte und besonders im Winterkrieg in Rußland unerfahrene Soldat mußte unendlich viel erleiden.

Die Weihnachtszeit rückte näher; wir verdrängten jedes heimatliche Gefühl – wenigstens nach außen hin. Was hatte man schließlich hier in der weißen, arktischen Hölle davon? Rußland war unendlich groß und die Heimat so unerreichbar weit entfernt.

Doch eines Tages schleppte Franzl einen Tannenbaum herein. Im Nu war alles anders. Als Boris Fenzlau ihn fragte, wo er das schöne, dichtgeästete Fichtenbäumchen her hätte, meinte Franzl: »Denkste valleicht, von Witwe Bolte aus em Milchjeschäft? Nee, meen Junge, nee – von Väterchen Frost als milde Gabe stibitzt«, erklärte er mit seinem urwüchsigen Berliner Dialekt.

Der Tag verdunkelte sich, die Sicht wurde schlechter, so daß wir ohne Bedenken einheizen konnten. Wo Feuer und Wärme sind, erwachen die Lebensgeister. Unsere phantastische Eskimohöhle wurde von Schneemassen umwirbelt.

Das »nationalsozialistische Nebelhorn« wittert ideologische Gefahr von unserem frommen Kraftfahrer. Bald kommt es zu handfesten Auseinandersetzungen. Zunächst faselt Biersack viel von der »ewigen Erneuerung unseres Volkes«. Weihnachten sei die Geburt des Geistes der Heldenhaftigkeit und der Freiheit unseres Volkes. Dabei nimmt er energisch Stellung gegen die jüdischen Viehhändler- und Zuhältergeschichten und die jüdische Lehrmoral des Oberrabbiners Paulus.

Als Franzl und Häberle den Tannenbaum zu schmücken beginnen, meint Biersack, wie wichtig es sei, im nationalsozialistischen Freiheitsstaat beim Anblick des Lichterbaumes Einkehr zu halten und uns an die große, geschichtliche Wende zu erinnern, als Deutschland 1932 noch ein verarmtes Volk gewesen sei, ausgeblutet unter den schandbaren Auflagen des Versailler Vertrages, voller Hoffnungslosigkeit mit Millionen von Arbeitslosen, die dahinvegetierten und wie uns dann die Sonnenwende des Jahres 1933 ein Julfest des wiedererwachten Glaubens und ein neues Denken beschert hätte.

»Dieser immergrüne Baum soll uns Sinnbild sein für das Schönste, das deutsche Menschen erleben können: Kämpfend einstehen für das Rechte und Wahre, dem Ruf des Lichtes folgen, das um die Weihnacht neu geboren wird für die Länge eines neuen Sonnenjahres. Der Sinn dieser Bunkerweihnacht ist unser Schicksal in diesem Jahr. Wir sind stolz und glücklich, den Sinn der neuen Lichtgeburt, den wir wie früher auch Weihnacht nennen, als Kämpfer für unser gesichertes, glückliches deutsches Schicksal der Zukunft . . .«

Phrasen über Phrasen – man kann sich das unsinnige, schwülstige Geschwafel nicht mehr anhören. Ich wundere mich sehr, mit welcher Geduld Reinhold Wegmann diesen heidnischen Mummenschanz über sich ergehen läßt. Offenbar ist seine Stunde noch nicht gekommen.

Am Heiligen Abend flammt ein Streichholz auf; Franzl entzündet die Kerzen. Da sitzen wir nun beieinander – die Wortberichter, die Fotografen, die Kameraleute, die Kradmelder und die Geräteverwalter – alle beschleicht ein wehes, heimatliches Gefühl; ein Ursehnen nach Geborgenheit aus längst vergangenen Kindheitstagen.

Hauptmann Wockenfuß hat ein Koffergrammophon aufgetrieben und läßt zunächst eine Platte laufen. Der Dresdner Kreuzchor singt Weihnachtslieder: »Es ist ein Ros' entsprungen . . .« – »Herbei, oh ihr Gläubigen . . .« – »Wie soll ich dich empfangen . . .« – »O du fröhliche, o du selige, gnadenbringende Weihnachtszeit« – »Dies ist die Nacht, da mir erschienen . . .« und dann auch »Stille Nacht, heilige Nacht«. Da ergreift mich ein besonders tiefes Gefühl des Heimwehs nach einem unbekannten, schönen Ort.

Reinhold Wegmann liest sehr feierlich die Weihnachtsgeschichte. »Siehe, ich verkündige euch große Freude, die allem Volk widerfahren wird, denn euch ist heute der Heiland geboren, welcher ist Christus, der Herr in der Stadt Davids.«

Schon diese altvertrauten Worte gehen uns ins Gemüt – man hört das Knistern im Ofen und weit in der Ferne das Geräusch explodierender Granaten.

Danach spricht Reinhold Wegmann über die messianischen Weissagungen aus dem Alten Testament: »Denn uns ist ein Kind geboren, ein Sohn ist uns gegeben, und die Herrschaft ruht auf seiner Schulter; und er heißt Wunder-Rat, Gott-Held, Ewig-Vater, Friedefürst; auf daß seine Herrschaft groß werde und des Friedens kein Ende sei auf dem Thron Davids und in seinem Königreich, daß er's stärke und stütze durch Recht und Gerechtigkeit von nun an bis in Ewigkeit.«

Das Hauptgewicht seiner Ausführung liegt auf dem Satz: »Die Führung der Welt in seiner Hand.« – Unsere Ohren sind für diese Feinheiten sehr empfänglich – hier wird einem anderen Führer, einem ewigen Lenker, einem gerechten Herrscher eines unendlichen Friedensreiches gehuldigt, und dem undefinierbaren »Allmächtigen«, der die »Vorsehung« walten läßt, gegenübergestellt.

Dem »nationalsozialistischen Nebelhorn« ist das überhaupt nicht recht, man kann es ihm am Gesicht ablesen. Bei nächstbester Gelegenheit präsentiert er uns seine Weltanschauung. In seinen germanisch-heidnischen Weihnachtsbildern versteigt er sich zu gotteslästerlichen Äußerungen: »Den Himmel überlassen wir großzügig den Kirchen, aber wir erwachten Deutschen wissen, für was wir zu kämpfen haben, nämlich für die Sicherung des Bestehens und der Vermehrung unserer Rasse und unseres Volkes; für die Reinerhaltung des Blutes, für die Freiheit und Unabhängigkeit des Vaterlandes, auf daß unserem Volk die Erfüllung der ihm vom Schöpfer des Universums zugewiesenen Mission gelingt.«

Eine furchtbare Dissonanz ist in unsere Weihnachtsandacht gefallen, selbst die, die der Kirche nicht so nahestehen, verspüren den Riß, der uns die eben gewonnene Freude an der Weihnachtsbotschaft vermiest.

Doch unser Reinhold rettet bald die Situation. Mit einer gewissen Begeisterung entgegnet er dem NS-Agitator: »Dem Herrscher und Führer des Himmels geht es nicht um einen allgemeinen, politischen Frieden, sondern um den Frieden, der höher ist als alle menschliche Vernunft. Die Botschaft der Rettung gilt allen Menschen von jedem Kontinent, der guten Willens ist, sich der Führung Gottes anzuvertrauen. Deshalb gibt es vor Gott nur eine Reinheit: ›Das Blut Jesu macht uns rein von aller Sünde . . .‹«

Jetzt läßt Biersack seinem angestauten Ärger freien Lauf: »Wer ist Jesus? Doch auch nur ein Mensch – ein Mischling, ein unehelicher Sohn eines germanischen Söldners, der damals unter dem Feldherrn Titus in der X. Legion in Palästina diente und mit Maria ein Verhältnis hatte . . .« Vor lauter Eifer verschluckt sich Biersack an seiner eigenen Spucke.

»Sie lesen wohl gern neudeutsche Märchen aus der Phantasiekiste des germanischen Geistes?« meint Wegmann.

Hauptmann Wockenfuß, Chef der Propagandakompanie, sieht die politisch höchst gefährliche Entwicklung dieses Streitgespräches, deshalb fährt er mit energischer Stimme dazwischen: »Gefreiter Wegmann, stimmen Sie doch ein schönes Weihnachtslied an. Ich glaube, das tut uns jetzt allen gut.«

Franzl unterstützt den Vorschlag des Chefs: »Det finde ick ooch, – wie heeßt et: Wo man singt, da laß dich nieder, böse Menschen haben keine Lieder.«

Reinhold kurbelt wieder an dem Koffergrammophon, und wir beginnen zu singen: »Vom Himmel hoch, da komm ich her, ich bring euch gute, neue Mär . . .«

Feierliche Gefühle durchziehen meine Brust. Nur einer verläßt den Bunker: Harald Biersack. Er hat sein Gefecht verloren; hoffentlich bekommen wir nicht, auf die Länge der Zeit, Ärger mit ihm.

Später, als die anderen noch einen kurzen Gang in die eiskalte

Weihe-Nacht unternehmen und ich mit Reinhold Wegmann allein im Bunker sitze, beginne ich ein klärendes Gespräch: »Komisch«, sage ich, »in der Ablehnung gegen Gott scheinen sich die Nationalsozialisten mit den Bolschewisten einig zu sein.«

»Nein, Herr Leutnant«, erklärt mir mein Kraftfahrer, »die NS-Ideologie ist eine typisch antichristliche Lehre. Da gibt es einen undefinierbaren germanischen Heldengott, der unerreichbar über dem Sternenzelt sein Dasein fristet. Nur die Stelle des Erlösers soll ein anderer einnehmen. Man ist bestrebt, einen politischen Messias dem Volk anzubieten, dem man dann göttliche Verehrung darzubringen hat. Beim Bolschewismus handelt es sich um eine antigöttliche Ideologie, die ihre Ablehnung gegenüber jedem Göttlichen festgelegt hat, indem man verkündigt: Wir glauben nicht an einen Gott; nicht an ein höheres Wesen; nicht an einen Erlöser; nicht an den Heiligen Geist; nicht an Wunder, nicht an die Inspiration des Wortes Gottes durch den Heiligen Geist; nicht an ein Weiterleben nach dem Tode; nicht an eine Auferstehung. In allem lehnt der Kommunismus jede überirdische Macht und Persönlichkeit ab, während es beim NS-Regime für alle geistlichen Gegebenheiten eine Ersatzlösung gibt; deshalb ist letztere Lehre viel verführerischer und auch satanischer.«

»Sagen Sie das bloß nicht allzu laut, Wegmann, sonst bringen Sie sich noch um Kopf und Kragen!« flüstere ich ihm zu.

Meine fieberhafte Erkrankung erwies sich als sehr hartnäckig – ich wurde ins Reservelazarett nach Riga geschafft. Die mir vertrauten Kameraden der Sonderstaffel der Heerestruppe Nord blieben im Inferno des grausamen Winterkrieges zurück. – Meine Kameraausrüstung hatte ich bei den Kameraden gelassen. Bald sollte ich es bereuen, denn es boten sich hier in der Etappe Bilder, die in erschütternder Weise in die Annalen der Weltgeschichte eingehen würden, nämlich das jüdische Ghetto in Riga.

Abgegrenzt durch Pfähle und Stacheldraht, auf engstem Raum, lag das Judenlager in einem Vorstadtviertel. Zusammengepfercht vegetierten hier die jüdischen Bewohner in einem unbeschreiblichen Elendsviertel. Mit einem Bündel unter dem Arm, bestenfalls ein Wägelchen hinter sich herziehend, auf dem das kärgliche Erbe, ihr letzter Besitz, verstaut war, zogen sie in die Gassen der Verkommenheit. Trotz des grimmigen Winters erhielten sie weder Kohle noch Holz. Die Ernährung war katastrophal. Flecktyphus und andere Seuchen breiteten sich unter diesen Elendskreaturen aus.

Ihre einzige Schuld an diesen Pogromen war, daß sie einer von anderen verdammten Völkerschicht angehörten. Es war schon erstaunlich, mit welcher Geschäftigkeit an diesem Ort des Schrekkens hier gelebt wurde. In den verkommenen Löchern von Quartieren hatten sie ihre Betten aufgebaut; auf den Hinterhöfen türmte sich das letzte Mobiliar. In diesem kunterbunten Gewimmel von willkürlich zusammengetriebenem Menschenstrom waren alle Bevölkerungsschichten beieinander, vom zerlumptesten Bettler bis zum nobelst gekleideten Wissenschaftler – robuste Hafenarbeiter und primitive Kleinbauern; sauber rasierte Intelligenz und streng orthodoxe Kaftanbärte; feinsinnigste Geistlichkeit und manches auffällige Gelehrtengesicht.

Hätte ich nur eine Kamera mitgenommen, um diese einmaligen Bilder einzufangen, wären es wahrscheinlich Dokumente von einmaliger Scheußlichkeit in diesem schmutzigen Krieg geworden. Plötzlich vernahm ich hinter mir zwei junge, helle Mädchenstimmen.

Sie sprachen sehr lebhaft in gutem Hochdeutsch. Es war schon eine Erquickung, solche Stimmen zu hören, denn seit Monaten war ich an die ordinäre, rauhe Soldatensprache gewöhnt. Dieses unbefangene, reine Deutsch faszinierte mich – ich hätte diese Mädchen gern angesprochen, doch traute ich mich nicht. Außerdem schämte ich mich, ihnen in dieser Uniform zu begegnen.

Obwohl ich an den Auswüchsen des Krieges keine Schuld hatte, fühlte ich mich betroffen, ein deutscher Soldat zu sein. Reinhold Wegmann kam mir in den Sinn. Über dieses Thema hatten wir überhaupt noch nicht gesprochen. Ich nahm mir vor, ihn bei nächster Gelegenheit zu befragen; denn ich ahnte, daß er auch für dieses Phänomen eine überzeugende Erklärung hatte, zumal die Gestalten der Bibel ja in großem Maße Juden waren.

Eines Tages wurde ich von einem lettischen Lebemann eingeladen. Obwohl Lebensmittel im allgemeinen sehr knapp waren, saß ich bald an einem unbeschreiblich überladenen Tisch: Schüsseln mit gekochtem Lachs und Wildbraten; Speckbrötchen und Speckeier; Kuchen und Torten; kandierte Früchte; Süßweine,

Wodka, Bier; ja, es gab auch Kaviar. Mein angetrunkener Gastgeber fraß und trank mit unverwüstlichem Appetit. Um ihn nicht zu beleidigen, mußte ich mit ihm einigermaßen mithalten. Zwischendurch massierte er seinen vollen Bauch und meinte: »Ich habe eben eine Veranlagung, schnell dick zu werden, Sie können mir glauben, ich brauche die köstlichen Speisen nur anzusehen und schon setzt bei mir Fett an.«

Sein drastisch verrutschtes Lettendeutsch erzeugte in mir einen ungemeinen Lachreiz, den ich nur unter Aufbietung aller Kraft unterdrücken konnte.

»Wir haben in diese Fest kein gutes Gans aufgetrieben, sondern bei Schwestern nur schönes fettes Truthahn bekommen . . .«, dabei gurgelte er einen Wodka nach dem anderen in seinen Magen hinein.

»In diese Restaurant habe ich meine Frau zum erstenmal ausgenommen . . .« verkündete er stolz und meinte natürlich, daß er seine damalige Braut in dieses Restaurant geführt hatte.

Später gesellte sich noch ein äußerst primitiver Bekannter dieses Lebensmittelschiebers zu uns. Ein sehr unangenehmer, finsterer Geselle. Als auch er schon angetrunken war, löste sich seine Zunge, und er schilderte die fürchterlichsten Ausschreitungen gegenüber Juden in dem Ghetto. Die dunkelsten Auswüchse der Weltgeschichte wurden hier ans Tageslicht gebracht.

»Wir habän draußen in Wälder ville Judden in die Grube geschossen.« – »Ja, ja«, lallte er, »alles abgeknallt; alle Judden abgeschossen – Kamerad, und jedden Tag viel, viel Wodka; jedden Tag immer mähr Wodka gesoffen!«

Der Mann gehörte dem lettischen Selbstschutz an und arbeitete mit den Verbündeten der Waffen-SS zusammen.

Ein Schauer durchfuhr Herz und Seele; was war aus der deutschen Nation geworden? Was geschah unter der Aufsicht eines Volkes, das der Welt höchste und schönste Kultur- und Geistesgüter gebracht? Und die Armee? Hatte sie nichts gesehen und gehört? Duldete man diese wahnwitzigen Schandtaten? Scham und Abscheu machten mich fast krank. Wenn diese finsteren Machenschaften einst ans Licht kamen, würde je ein Mensch uns solche Dämonie im Namen der deutschen Nation verzeihen?

Wie wünschte ich mir unseren Reinhold Wegmann hierher, um

an Ort und Stelle mit ihm über diese Ausgeburt der Hölle zu sprechen.

Der Winter verging. Mein Zustand verbesserte sich von Woche zu Woche. Als es Frühling wurde, kehrte ich zu unserer Einheit zurück.

Unser Haufen liegt immer noch an der Nordfront. Alles hockt in elenden Bunkerhöhlen. Franzl empfängt mich mit einem humorvollen Spruch: »Sieh da, sieh da, sie leben noch, die Kraniche des Ibykus? Willkommen, Herr Leutnant, im stilechten Schlamm der Front!« Dann erzählt er mir von den letzten Ereignissen und auch von dem Wetterumschwung:

»Det können Se sich jar nich vorstellen. Von eener Stunde zur andern, ohne Überjang, beginnt et hier Frühling zu werden. Plötzlich streicht der Wind warm und anjenehm aus Süden. Det Thermometer steigt augenblicklich um mindestens 20 Jrad, und dann die jroße Schneeschmelze. Allet wurde eene Lache. In den Balken war et een Knistern und Rieseln. Det riecht hier allet wie in eener Tropfsteinhöhle – ick kann Ihnen sagen – bestes Doppelzimmer mit fließend Wasser –. Innerhalb von 24 Stunden bildete sich die janze Jegend in eenen jroßen See. Die Ratten und Mäuse wurden so zutraulich, det wer se mit de Hände greifen konnten.«

Reinhold Wegmann kommt aus einer Wandnische, wo hinter Birkenstämmen vier Liegestätten eingelassen sind: »Willkommen, Herr Leutnant, in der alten Umgebung – machen Sie es sich, den Umständen entsprechend, bequem. Natürlich, ein Reservelazarett im Hinterland wird Ihnen wahrscheinlich jetzt wie ein Schlaraffenland vorkommen, wenn Sie nun mit dieser trostlosen Behausung wieder vorliebnehmen müssen.«

Wirklich, ich stehe wie erstarrt da. Das Fallen der Wassertropfen klingt monoton:

»Tipp – tipp – tipp – töpp – topp – tipp – tipp«, so klingt es.

Franzl und Reinhold Wegmann bemühen sich, mir über den Schock hinwegzuhelfen. Das Rinnen und Tropfen will überhaupt nicht aufhören; alles riecht nach Moder und Friedhof, nach Verwesung und muffiger Erde. Bald sitzen wir ziemlich mißmutig um eine Feuerstelle zusammen. Die ganze Welt scheint unterzugehen in diesem sintflutartigen Regen. Franzl hat sein Mundwerk immer noch am rechten Fleck.

»Stellen Sie sich vor, Herr Leutnant, letztens komm ick da in den Bunker, als eener fragt: ›Wo wären wir jetzt, wenn wir den Führer nicht hätten?‹ Darauf tönt eine ruhige Stimme aus dem Hintergrund: ›Natürlich im Bett.‹«

Dann setzt er eine ganz feierliche Miene auf:

»Meine Tante schrieb mir letztens: Sei nur recht lieb zu Dir, Du weißt ja gar nicht, wie lange Du Dich noch hast.«

Kurz darauf kommt der Chef Hauptmann Wockenfuß. In seiner Begleitung befinden sich die Wortberichter Harald Biersack und Walter Häberle. »Willkommen in der Sumpfhöhle des Nordens!« lacht der Hauptmann. »Wir bekommen hier ziemlich nasse Füße. Ich hoffe, Sie haben sich ein paar gute Gummistiefel mitgebracht. Ansonsten gibt es kaum etwas zu filmen. Die Russen saufen genauso ab wie wir.«

Unaufhörlich vernimmt man das Grollen der Front. Die Kochgeschirre an den rostigen Nägeln klirren leise.

»Vorn an der Front hält der Tod eine reiche Ernte. Tag und Nacht beharken die Russen unsere Stellungen. Es ist ein einziges Grollen. Einzelne Einschläge kann man gar nicht mehr heraushören.« Er deutet mit seinem Daumen in die Richtung, woher das Rumoren zu hören ist: »Seit Wochen geht es so. Was dieses Fleckchen Erde uns schon gekostet hat, ist mit Worten kaum zu beschreiben. Man sagt, alle vier Wochen wird hier eine ganze Division verheizt.«

»Wie? – Eine ganze Division?« schreie ich fast. »Das sind ja 15 000 Mann.«

»Jawohl. – Jede Woche ein stolzes Regiment von über 3000 Mann – Verwundete – Verstümmelte und Tote.«

Wortlos verläßt Harald Biersack den Bunker.

»Der ist auch schon sehr nachdenklich geworden«, sagt der Hauptmann.

Unaufhörlich klirren Flaschen, Kochgeschirr, Pfannen und Eßbestecke – das Trommelfeuer nimmt kein Ende.

»Der ganze Krieg ist ein makabrer Totentanz moderner Dämonie. Diese Geräuschkulisse haben wir Tag und Nacht – nur deshalb, weil ganz schlicht auf beiden Seiten der Befehl gegeben ist: die Stellung muß gehalten werden, koste es, was es wolle!«

Da wird der Chef ans Telefon gerufen. Als Hauptmann Wokkenfuß den Bunker verlassen hat, meint Häberle: »Des Beschte wäre, wenn dr Stalin und dr Hitler sich selbscht in an Schützengraba lega würdet und miteinander streita.«

»Mensch, Walter«, meint Franzl, »denk dran, die Zähne werden jetzt nur noch durch die Nase gezogen, weil keener mehr die Schnauze aufmachen darf. Denk immer dran, et is heut nich leicht zu leben. Man muß sich einfach als Bandwurm durch die braune Masse hindurchwinden und dauernd in der Angst leben, abjeführt zu werden.«

Bald kommt Hauptmann Wockenfuß zurück: »Also, Genesungsurlaub kann ich Ihnen leider nicht geben. Morgen früh sollen wir Aufnahmen an der vordersten Front machen. Es heißt, ein Regimentskommandeur will die Stellung besichtigen. Also, meine Herren, um vier Uhr wird geweckt, und dann geht's ab in den Vorhof der Hölle.«

Zum Glück hatte in der Nacht der Regen nachgelassen.

»Es ist soweit«, sagte Franzl am frühen Morgen. Schweigend saßen wir und aßen unsere Henkersmahlzeit – eine Scheibe Kommißbrot, etwas Butter und Marmelade, dazu tranken wir kalten Kaffee.

Reinhold Wegmann betete still vor sich hin. Ich hielt ihn für den Engel unserer Einheit.

Danach schnallten wir unsere Koppel um, setzten die Stahlhelme auf und nahmen unsere Mäntel. Die Ariflex, die beiden Fotoapparate und den Sack mit Reservefilmen hatte Franzl schon am Abend gepackt. Um fünf Uhr morgens machten wir uns auf den Weg. Wegmann wünschte uns Gottes Schutz und Segen. Wir nickten still und schlichen davon. Graue Nebelschleier zogen über die quietschnassen Bunker hinweg. – Punkt sechs Uhr befanden wir uns beim Regimentsgefechtsstand. Bald darauf stieg der Oberst aus seinem Befehlsbunker, ein schmächtiger Mann mit einem faltigen Gesicht und einem Ritterkreuz am Hals. Auch er hatte seinen Stahlhelm auf. Ihm folgte ein breitschultriger Oberleutnant mit umgehängter Maschinenpistole.

»Guten Morgen, meine Herren«, schnarrte der Regimentskommandeur. »Ich hoffe, daß sich der Nebel noch verdünnisiert, damit Sie zu Ihren gewünschten Aufnahmen kommen.«

»Jawoll, Herr Oberst«, sagte ich und dachte: Gewünscht haben wir uns diesen »Spaziergang« durch das Tal des Todes keinesfalls. Auf die Aufnahmen hätten wir gern verzichtet.

Durch morastiges Gelände, das von Büschen durchsetzt war, marschierten wir eine knappe Stunde voran. Gesprochen wurde kaum. Nun hatten wir das Frontgebiet erreicht. Die ersten Stellungen lagen vor uns. Aus dem Dunstschleier tauchte der heißumkämpfte Hügel auf, eine kahle Anhöhe mit einigen letzten Baumstümpfen. Der Nebel hatte sich etwas verzogen, er verbarg uns wahrscheinlich noch vor dem Feind. Links und rechts, soweit wir jetzt sehen konnten, ein seelenloses Trichterfeld, überzogen von Schwaden aus Pulverdampf und aufgewirbelter Erde. Ein planloser Feuerregen ging auf die deutsche Front nieder. Die Luft war erfüllt vom Toben der Geschosse. Ohne Pause jagten die schweren Stahlklötze über unsere Köpfe hinweg. Hin und wieder schossen in einiger Entfernung braun-schwarze Rauchpilze und mächtige Erdfontänen empor. An einem Grabenrand knieten der Oberst und sein Adjutant nieder. Beide setzten ihre Ferngläser vor die Augen.

»Der Nebel muß sich einfach noch mehr verziehen«, sagte der Oberst, »sonst gibt es hier nichts zu erkunden.«

Plötzlich heult es gefährlich heran! Wir werden allesamt auf den Boden geschleudert – ein greller roter Blitz – eine fürchterliche Detonation zerreißt uns fast die Trommelfelle. Franzl fällt über mich – ich ringe nach Luft, Kameras und Fotoapparate sind fort. Alles wirbelt durcheinander! Ich atme beißenden Pulverdampf ein.

Der Oberst steht als erster auf den Beinen. Sein Adjutant greift nach seiner Maschinenpistole – wie durch ein Wunder ist niemand verletzt. Meine Ohren bleiben wie verschlossen. Das Trommelfell schmerzt heftig, doch dann löst sich der Krampf.

»Das hätte ins Auge gehen können«, schimpft der Oberst. Sein Ritterkreuz ist lehmverschmiert. Jetzt lehnt er sich an den Trichterrand und versucht mit dem Fernglas, die feindlichen Stellungen auszumachen. Ich lasse, nach Wochen zum erstenmal, wieder meine gefundene Kamera, der glücklicherweise nichts passiert ist, laufen. Der Nebel schwindet mehr und mehr. Vor uns liegt das heißumkämpfte Gelände mit dem Fluß und einer schon arg zerfetzten Brücke. Hintereinander kriechen wir am Uferrand entlang; der Regimentskommandeur als erster. Ab und zu duckt sich der Oberst unwillkürlich, macht eine Reflexbewegung, wenn Einschläge in unserer Nähe erfolgen.

»Wo bleibt denn der Batteriechef, der uns abholen wollte?« murrt der Ritterkreuzträger ungeduldig. Er legt sich wieder an die Uferböschung und sucht mit dem Fernglas die stark zerstörte Brücke ab. Die Luft ist erfüllt vom Heulen der Granaten. »Nichts«, murmelt der Stabsoffizier, »weit und breit kein Mensch zu sehen. – Wir müssen es einfach auf eigene Faust versuchen.« Er erhebt sich: »Also los! Vorwärts über die Brücke!«

Wir ziehen die Köpfe ein, rennen um unser Leben, erreichen die Laufplanke, schleichen am zerfetzten Geländer entlang und kommen atemlos hinüber.

»Mensch, der alte Herr scheint aber och keenen Herzfehler zu haben. Wie'n junger Gott hüpft er über die Brücke«, stellt Franzl, völlig außer Atem, fest. Am Ende der Brücke stoßen wir auf ein Gewirr von verbogenen Eisenträgern und Planken. Wir müssen von einem Träger zum anderen klettern.

»Paß auf die Kameras auf!« raune ich Franzl zu. Ich verspüre Herzstiche in der Brust. Schüsse peitschen uns rechts und links um die Ohren.

»Großer Gott im Himmel, bewahre uns! Hilf uns doch bitte aus dieser Hölle heraus!« schreie ich wie von Sinnen.

Mit einem kleinen Sprung erreiche ich ein breites Trägerstück. Angsterfüllt starrt mich Franzl an, der neben mir auf einen kleinen Absatz gehopst ist.

»Elender Mist«, keucht er. »Wo bleibt denn Gottes Hilfe?«

Plötzlich sagt mir deutlich eine inwendige Stimme: »Vorwärts – nichts wie weg, sonst bist du verloren!« Was war das? – Nein, Franzl liegt neben mir, das Gesicht in seinem linken Arm verborgen. Außerdem war es eine andere, eine seltsam schöne Stimme – so hell, so klar – wie aus einer anderen Welt. Und wieder höre ich: »Fort von hier, rette dich!«

»Los, Franzl!« schreie ich wie ein Ertrinkender.

»Franzl – los!« – Mit einem gewaltigen Satz erreichen wir beide das andere Ufer. Zur Sekunde flammt hinter uns eine hohe Feuersäule auf. Mit einem gewaltigen Preßschlag sause ich kopfüber das rettende Ufer hinunter. Franz kullert mir nach. Vor uns, auf der Höhe, gehen rote Staubwolken in die Luft – die ganze Hölle scheint entfesselt zu sein.

»Ick jlobe, Gottes juter Engel hat uns eben beschützt«, krächzt Franzl. Sein Gesicht ist rußgeschwärzt.

»Ja, Gottes Macht war bei uns«, sage ich wie selbstverständlich. »Doch weiter! Wir müssen uns beeilen, sonst finden wir den Oberst nicht mehr!«

Wir hasten am Ufer entlang, von Trichter zu Trichter. Fauchend rauschen Geschosse über uns hinweg – schwere Brocken. »Wo müssen wir hin?« brüllte Franzl wie ein verlorenes Kind. »Wo ist denn der komische Oberst mit seinem Adjutanten abjeblieben?«

»Keine Ahnung – nur fort aus diesem Hexenkessel.« Über uns flammt ein Feuerball nach dem anderen auf. Die Erde um uns ist wie umgepflügt. Ratlos irren wir umher. Da – ist wieder diese Stimme von vorhin: »Eile – rette dein Leben!« klingt es so deutlich in mir. Wer spricht hier? – Diese eindringliche Stimme? überlege ich.

»Deckung!« brülle ich aus vollem Hals. Wir stürzen in einen verschlammten Trichter. Über uns bricht ein Orkan los. Dreimal so stark wie vorher. Der Himmel verdunkelt sich; alles faucht und surrt und knallt und heult und schreit um uns.

»Das ist die Hölle!« stöhnt Franzl. Ich drücke mich in den braunen Schlamm und warte die nächsten Einschläge ab. Gleich mache ich mich zum Sprung bereit. Vielleicht rettet gerade dieser Sprung mein Leben. Mit einem Satz bin ich oben und tauche schon wieder in einem Trichter unter, da ragt ein Arm aus dem Erdreich, eine Hand scheint nach mir greifen zu wollen. Beim nächsten Einschlag rutscht eine ganze Partie Erde zur Seite. Der zerfetzte Arm liegt jetzt frei herum – ohne Körper – Uniformreste hängen an dem Leichenteil. Mir wird übel, ich muß mich übergeben. Nur fort, hämmert es in meinem Hirn – ich will mich am Trichterrand heraufziehen und sacke wieder zurück. Wieder kracht es neben mir. Ein durchlöcherter Stahlhelm kullert in das Loch. Der Boden bebt.

»Franzl!« brülle ich aus Leibeskräften. Keine Antwort. Ich weiß, er kann mich bei diesem höllischen Getöse unmöglich hören. Wieder werde ich durch den Luftdruck auf den Rücken geworfen. Ich rolle mich zur Seite – erhebe mich – mit einem Satz bin ich aus dem fürchterlichen Totenloch heraus. Bleich stolpere ich in den nächsten Granattrichter – Franzl hat sich hier in die Erde gekrallt – neben ihm liegt ein deutsches, zerbrochenes Soldatenkreuz. »Leutnant Heinz . . .« steht darauf. Jetzt begreife ich, das war der Soldatenfriedhof, von dem ich schon gehört habe. Er wurde nach einem Gegenangriff der Russen von der sowjetischen Artillerie umgepflügt.

»Wo ist der Oberst!« fragt Franzl.

Mir ist sauübel – ich muß mich schon wieder übergeben. Neben Franzl liegen andere Leichenteile, Uniformreste, Stiefel, Patronentaschen und Kochgeschirre. Ich bin im Totenreich – fürchterlicher Gestank breitet sich aus.

»Auf, weiter! – Wir suchen den Oberst!« rufe ich. Wir raffen uns auf, hasten die Anhöhe hinauf. Überall krepieren Granaten. Mir versagen fast die Knie – dann ist es geschafft. Vor uns liegt ein Blockhaus, zur Hälfte zerstört. Die russische Artillerie hämmert weiter mit schwerstem Kaliber. Hier finden wir den Artilleriegefechtsstand und auch den Oberst. Das Blockhaus ist unterkellert – bei jedem Einschlag wirbelt Zementstaub auf – immer wieder. Doch hier, in dieser Kellerruine, haben wir für kurze Zeit das Gefühl der Geborgenheit.

Als Kind wurde ich einmal auf freiem Feld von einem fürchterlichen Gewitter mit schrecklichen Blitzschlägen überrascht. Damals kam ich in Todesangst und war heilfroh, als ich endlich nach langem Rennen eine Feldscheune erreicht hatte. Ähnliche Empfindungen überkommen mich jetzt.

Eben kommt ein Oberleutnant mit Karten unter dem Arm die Treppe herunter und verschwindet im hinteren Unterstand. Am Kartentisch stehen der Oberst und einige Frontoffiziere.

»Na, meine Herren Kriegsberichter, haben Sie den Schlauch des Totenreichs auch heil durchquert? Hier können Sie dem Herrn Reichspropagandaminister die stilechtesten Frontfotos machen. Keine Manöverbilder – nein, echte Aufnahmen vom nackten Überlebenskampf der Todgeweihten. Hoffentlich werden solche Bilder auch in der Wochenschau gezeigt – keine Sondermeldung aus dem Führerhauptquartier – nein . . .« er kann den Satz nicht vollenden. In dem Moment kracht ein schwerer Einschlag ganz in der Nähe. Das ganze Haus bebt. Alle werden in die Ecke gedrückt: Offiziere – Mannschaft und Kriegsberichter. Ich finde mich neben dem Batteriechef wieder. »Alles in Ordnung?« fragt der Oberst, als er sich den Staub von der Uniform schüttelt. Eine Druckwelle hat uns erwischt und gegen die Bunkertür geschleudert. Der Batteriechef befiehlt einem Feldwebel, uns in die Stellungen der deutschen Geschütze zu führen. Widerwillig setzt dieser seinen Stahlhelm auf: »Gut, also gehen wir.«

Wir verabschieden uns vom Oberst und seinem Adjutanten. Draußen tobt die Schlacht. Auf halbem Weg kommen wir an einer Geschützstellung vorüber. Ich filme die langen Rohre, die mit Tarnnetzen eingehüllt sind. Wieder verstärkt sich das Feindfeuer.

»Warten wir hier im Unterstand, bis der Feuerzauber abgeklungen ist«, mahnt der Feldwebel.

Wir drei kriechen in den niedrigen Bunker. Der Feldwebel zündet sich eine Zigarette an. Im Hintergrund liegen Soldaten in den Schlafnischen. Ein älterer Unteroffizier hockt vor uns auf einer Kiste. Er weist mit dem Kopf hinüber zu den ›Schlafenden‹: »Die sind fix und fertig – sie und ich warten auf den Tod – keine ruhige Erde hier.« Franzl und ich stehen wie angewurzelt da; entsetzt blicken wir uns an.

»Ja, so ist das eben«, fährt der Unteroffizier fort, »der Russe greift Tag und Nacht an. Eine Welle nach der anderen läuft sich hier zu Tode. An der Stellung vorn liegen die Toten übereinander – Russen und Deutsche, alles durcheinander.«

Dieser Mann sieht wie ein 70jähriger aus. Sein Gesicht ist grau und fahl, der Bart ungepflegt gewuchert, seine Wangen sind eingefallen.

»Vielleicht liege ich auch bald irgendwo – dann ist das grausame Trauerspiel endlich vorüber.«

Der Feldwebel klopft dem Alten auf die Schulter: »So schnell stirbt's sich nicht, Kamerad. Das könnte dir so passen, und wir machen hier weiter!« Der Alte zuckt depressiv mit seinen Schultern.

Inzwischen hatte das Feuer etwas nachgelassen. Deshalb krochen wir wieder hinaus. Wir schlichen durch aufgewühlte Gräben in die vorderste Stellung. Niemand nahm Notiz von uns; auch nicht, wenn wir filmten und fotografierten.

»Jetzt zeig' ich euch den schönsten Anblick der Front . . .« Gebückt schlich der Feldwebel vor uns her. Wir wußten sehr gut, was er uns zeigen wollte. An der vordersten Postenstelle hob er kurz seinen Kopf über den Grabenrand: »Mach ein Foto von ihm . . . und von dem, was hinter den Sandsäcken zu sehen ist«, flüstere ich Franzl zu.

Ich hielt auch meine Kamera hoch, damit ich das Vorfeld

gleichzeitig draufbekam. Jetzt sah ich über den nassen, lehmigen Rand nach vorn: Da lagen die Leichen übereinander, nebeneinander.

Der Feldwebel kroch auf allen Vieren weiter: »Dort liegen noch welche vom letzten Winter«, sagte er mit zynischem Grinsen. »Solche Bilder wird man wohl sein Leben lang nicht vergessen.«

Jetzt erbricht Franz alles, was er im Magen hat. Die noch lebenden Posten liegen hinter ihren Maschinengewehren und schauen unberührt hinüber zum Feind.

Unter schwerem Stöhnen lasse ich meine Kamera laufen. »Danke, Kamerad«, sage ich zum Feldwebel. »Wir haben genug gefilmt. Wir müssen zurück zum Gefechtsstand.«

»Gelt, so was bekommt man nicht alle Tage zu sehen? Solche Bilder sollte man der Jugend immer wieder zeigen und jedem Kriegslüsternen den Arsch vollhauen«, brummelt er vor sich hin. »Wir gehören doch auch schon zu den Toten.«

Unser Rückmarsch ist von vielen Gefahren bei ständigem Artilleriefeuer begleitet. Wir haben die schrecklichsten Bilder des Krieges gesehen – wir waren im Vorhof der Hölle.

Als wir am späten Abend unseren Unterstand erreichen, sind wir nicht mehr fähig, uns zu entkleiden. Wir schmeißen unsere verschmutzten Stiefel in die Ecke – wollen auch mit niemandem mehr ein Wort reden und kennen nur ein süchtiges Verlangen: schlafen – schlafen – schlafen und wiederum schlafen, und am liebsten nicht mehr aufwachen in dieser verdorbenen, schlechten Welt.

Am nächsten Tag hocken wir in unserem Bunker an der Feuerstelle. Wir haben unsere Klamotten gewaschen und zum Trocknen aufgehängt. Nun beschriften wir das abgedrehte Filmmaterial. Diese grauenhaften Bilddokumente verschwinden ganz gewiß in den Kriegsarchiven. Sie werden vielleicht nach dem Krieg zu irgendeinem Zweck verwandt werden, aber niemals der breiten Masse des Volkes zugänglich sein.

Franzl röstet sich auf der Ofenplatte eine Scheibe Brot. Dabei hockt er auf einer Munitionskiste, läßt die Hände zwischen den Knien baumeln und schweigt verbissen.

Wir schweigen überhaupt viel in diesem Land; denn oft ist alles gesagt, was gesagt werden kann. Auch ist es so, daß der grenzenlose Raum dieses Riesenreiches den Menschen auf sich selbst verweist und daß in Zeiten dieser ungeheuerlichen Ereignisse die Gedanken zu wandern beginnen. Die Eindrücke des letzten Tages sind so deprimierend, daß es kaum Worte gibt, das Erlebte in irgendeiner Form zu beschreiben.

Erst als Reinhold Wegmann mit der Feldpost zurückkommt, brechen wir das Schweigen; doch weigere ich mich, von den grausigen Schreckensbildern zu reden.

»Wegmann, glauben Sie an Stimmen und Eingebung?« beginne ich vorsichtig.

»Wie meinen Sie das, Herr Leutnant?«

»Wir haben gestern den Vorhof der Hölle durchschritten. Sie können sich dieses Inferno kaum vorstellen! Als die Granaten explodierten, als die Luft eisenhaltig war und wir kaum noch glaubten, lebendig aus diesem Schlamassel herauszukommen, hörte ich plötzlich sehr deutlich eine nie gehörte Stimme: ›Vorwärts – weg hier, sonst bist du verloren!‹ Franzl lag neben mir und hatte das Gesicht mit seinem Arm bedeckt, und doch hörte ich diese Worte, so hell, so klar – wie aus einer anderen Welt, und zwar im besten Deutsch. Wir sprangen mit einem gewaltigen Satz davon. Kurz darauf explodierte eine Granate an der Stelle, die wir eben verlassen hatten. Wir würden nicht mehr unter den Lebenden sein, hätte uns diese Stimme nicht gewarnt.«

Wegmann schaut mich mit großen Augen an; wie ein Weltwunder betrachtet er uns. Dann gleitet ein sonniges Lächeln über sein Gesicht: »Lobe den Herrn; ihr, seine Engel, ihr starken Helden, die ihr seinen Befehl ausrichtet, daß man höre auf die Stimme seines Wortes! – Starke Helden gehören in den Kampf – Herr Leutnant. Sie haben die Stimme des Herrn durch Engelmund vernommen«, sagt er ganz unkompliziert. Ich wußte, daß seine Antwort so etwa lauten würde; deshalb fahre ich fort:

»Etwas später hörte ich die gleiche Stimme mit derselben Eindringlichkeit: ›Eile – rette dein Leben!‹«

»So etwa sprachen die Engel zu Lot, als sie den Neffen Abrahams aus Sodom und Gomorrha herausführten, ehe Feuer und Schwefel vom Himmel regneten«, erklärt unser Fahrer.

»Ja, ja, ein Orkan von Feuer und Schwefel prasselte auf uns nieder. Daß sich aber diese heiligen Wesen gerade um uns kümmern – ich bin doch überhaupt nicht so religiös veranlagt wie Sie, Wegmann.«

»Die Engel sind eben als dienstbare Boten Gottes für die ausgesandt, die die Rettung erleben sollen – Gott hat verheißungsvolle Gedanken mit Ihnen; deshalb behüten seine himmlischen Heerscharen einen Menschen schon, ehe er sich um Gott bemüht.«

Franzl starrt Wegmann ergeben und gebannt an; seine Lästerzunge schweigt – auch er scheint von den Worten unseres Frommen überzeugt zu sein.

»Auf alle Fälle werde ich dies nie vergessen«, versichere ich, »und wenn Gott uns später aus diesem wahnsinnigen Krieg herausbringt, will ich mein Leben für ihn einsetzen.« Fast bin ich erschrocken über mein kühnes Versprechen.

Als die Feldpost verteilt ist, breitet sich eine heilige Stille aus. Bei all den Briefen aus der Heimat ist ergreifend die Sorge um unser Wohlergehen; der Strom der Liebe, der einem entgegenkommt; der uns umfängt und glücklich macht, aber auch schmerzlich empfinden läßt, unter welch anormalen Umständen die Männer im Krieg leben müssen. Wie viele heiße Wünsche und sorgende Gedanken gehen durch Millionen Briefe zur Front. Welch eine herrliche, seelische Brücke spannen sie über den breiten Raum. Vor der Gewalt der Gefühle, vor den warm durchdrungenen Herzen der Mütter werden die großen Phrasen so armselig, so dürftig und bedeutungslos. Schmutzige Worte gegen Ehefrauen, Bräute oder Verlobte fallen überhaupt nicht – oder werden sofort mit großer Verachtung bestraft. Ja, die eigene Frau scheint im Felde eine ganz besondere Macht auszuüben. Es gibt plötzlich keine bessere als die eigene. Bei solchen Gesprächen werden die eigenen Kinder zu wahren Wunderkindern und die Ehefrauen zu liebenden Seelen, voller Herzensgüte und Schönheit – niemand spricht von seiner »Alten«. Meine »Frau« ist schon der bescheidenste Titel.

Die Zeit des monotonen Bunkerdaseins ging für uns bald zu Ende. Da es zu dieser Zeit für eine Sonderstaffel der Propagandakompanie zur besonderen Verfügung keine spektakulären Aufgaben gab, wurden wir kurzerhand in rückwärtige Quartiere beordert. Diesmal bewohnten wir die Villa eines ehemaligen sowjetischen Kommissars. Das pompöse Gebäude lag in einem großen Garten am Stadtrand von Dünaburg.

»Der Kommissar hat einen recht guten Geschmack«, stellt

Hauptmann Wockenfuß fest. Die Wohnräume sind mit Gemälden ausgestattet. Wertvolle Uhren, Vasen und Schalen verzieren die Zimmer.

»Die roten Herrscher klauen wie die Raben – Rußland bleibt das Land der enormen Gegensätze. Eine kleine Kaste ist steinreich, während das einfache, ausgesaugte Volk in himmelschreiender Armut zugrundegeht«, setzt der Chef noch hinzu.

Schon am ersten Tag mache ich mit Wegmann einen Spaziergang. Wir wandern am Ufer der Düna entlang, biegen dann zur Stadt ein und stehen plötzlich in den Ruinen einer russischen Kirche mit mächtiger, blauer Kuppel. Hoch überragt das blaue Gewölbe die bunt zusammengewürfelten Dächer oder Ruinen der Holz- und Steinhäuser. Alles wirkt auf uns wie aus einem Märchen von Tausendundeinernacht.

Doch dann werden wir Zeuge von einem Abtransport lettischer Juden. Flankiert von SS-Wachmannschaften werden Männer, Frauen, Kinder und Greise auf Lastkraftwagen verladen.

Die verängstigten Geschöpfe Gottes blicken nicht nach rechts oder links. Sie tragen nur kleine Taschen und Koffer mit sich. Kinder halten ein letztes Spielzeug im Arm oder in der Hand. Andere Passanten eilen scheinbar teilnahmslos vorüber oder starren einfach auf den Boden. Sie wollen das Unrecht nicht sehen. Diese Juden sind wie eine Herde Schafe, die man zum Schlachthof treibt.

Ein veralteter Autobus bringt Arbeiter und Bauern in die Stadt, die ihren Geschäften nachgehen müssen. An den Mienen vorübergehender Passanten kann man ablesen, daß diese zusammengetriebene Herde von armen und reichen, von mutigen und abgestumpften, gebildeten und einfachen Juden für sie bereits abgeschrieben ist.

»Sehen Sie, Wegmann«, sagte ich später zu meinem Kraftfahrer, als wir in einem Gartenrestaurant an einem Tisch auf unsere Getränke warteten, »diese armen Menschen haben doch nichts Verbrecherisches getan. Gut, wenn man arbeitsfähige Männer bei menschenwürdiger Behandlung zu bestimmten Arbeiten heranziehen würde, aber es sind Kinder, Greise, Mütter und Kleinstkinder«, gebe ich zu bedenken.

»Das Volk Israel wurde, solange man denken kann, verfolgt und drangsaliert. Der ägyptische Pharao wollte sie im Arbeitslager Gosen umbringen. König Nebukadnezar ließ sie in die Feueröfen von Babylon werfen – es ist nicht nur der Kampf gegen eine Rasse, der sich bei allen antisemitischen Pogromen zeigt, sondern im tiefsten Grunde ist es ein Kampf gegen Gott, den Schöpfer selbst«, erklärt mir Wegmann.

Obwohl er völliges Vertrauen zu mir hat, blickt er bei diesem Gespräch hin und wieder über die linke oder rechte Schulter zurück, um sich zu vergewissern, daß nicht irgendwelche Lauscher in der Nähe sind.

»Sehen Sie, Herr Leutnant, die Nazis haben den Mythos von der guten und der bösen Rasse geschaffen, wobei alles, was in der Geschichte gut und groß erscheint, nordischer Herkunft sein und was schlecht ist, von der Gegenrasse stammen muß. Was von der nordischen Rasse kommt, muß gut sein. Was die ›Gegenrasse‹ tut, muß unbedingt verdorben sein.«

Wieder hält er inne, weil der Kellner Getränke auf den Tisch stellt. Ich nicke dem Ober zu, dann fährt Wegmann fort: »Das Judentum ist die ›Gegenrasse‹ zur nordischen Rasse und damit der Inbegriff des Verwerflichen überhaupt. Nach dieser neuen germanischen Religion heißt das im Klartext: Wenn irgendwo die Kraft eines Geistesfluges zu erlahmen beginnt, so saugt sich das verderbliche Wesen eines Juden in die erlahmenden Muskeln dieses Gutrassigen; wo irgendeine Wunde aufgerissen wird am Körper eines nordischen Helden, stets frißt sich ein jüdischer Dämon in die kranke Stelle ein und nutzt als Schmarotzer die schwachen Stunden der Großen in dieser Welt.«

»Es gibt doch in allen Völkern anständige und weniger anständige Menschen«, meine ich.

Der Kellner kommt und wischt mit einem Tuch den Nebentisch ab. Wir schweigen, bis er fort ist.

»Natürlich gibt es keine reinen Rassen, nicht einmal einen tadellosen Menschen: ›Denn es ist hier kein Unterschied, sie sind allesamt Sünder und ermangeln des Ruhmes, den sie bei Gott haben sollten und werden ohne Verdienst gerecht aus seiner Gnade durch die Erlösung, die durch Christus Jesus geschehen ist‹, so lesen wir in der Bibel. Gott kennt keine Rassen, die nur großherzig, voller Ehre, Würde, Stolz, Zucht und Heiligkeit vor ihn bestehen könnten – deshalb müssen sich in dem Namen Jesu einst aller Knie beugen, die im Himmel und auf der Erde . . . und alle Zungen bekennen, daß Jesus Christus der Herr ist, zur Ehre Gottes, des Vaters!‹«

»Man könnte meinen, Sie haben die Bibel auswendig gelernt«, sage ich zu Wegmann.

»Oh nein, dies sind nur herausragende Kernsätze der Heiligen Schrift, die ich dem Sinn nach wiedergebe.«

Der Ober kommt und räumt die Gläser fort. Er mustert uns mißtrauisch. Von anderen Tischen nimmt er die Teller und verschwindet wieder im Restaurant.

Auf dem Heimweg erklärte mir Wegmann noch: »Das Evangelium ist für jeden Menschen, ob Jude oder Nichtjude, eine wesensfremde Botschaft; denn es fordert von jedem eine radikale Kehrtwendung von der bisherigen Lebensrichtung, quasi eine Zertrümmerung aller bisher angebeteten Götzen dieser Welt; eine Aufgabe der ichhaften Eigenständigkeit und ein klares Ja zu der Verkündigung, daß Gott allein der Herr ist. Doch dieses himmelschreiende Unrecht an den Juden wird früher oder später seine Katastrophe erleben; denn es steht in der Heiligen Schrift geschrieben: ›So spricht der Herr Zebaoth, der mich gesandt über die Völker, die euch beraubt haben: Wer euch antastet, der tastet meinen Augapfel an. Und weiter: Ich segne, die dich segnen und verfluche, die dich verfluchen.‹ Es braut sich ein schreckliches Strafgericht über den Feinden Israels zusammen.«

Am späten Abend kehrten wir in die Prachtvilla zurück. Die Tage der Auffrischung bekamen uns sehr gut.

Harald Biersack, unser »NS-Nebelhorn«, entwickelt sich zu einem feucht-fröhlichen Lebenskünstler. Seine politischen Ansprachen treten seit der schrecklichen Winterkrise immer mehr in den Hintergrund. Wegen seines hohen Blutdrucks ist sein Gesicht stets leicht gerötet – seine angenehme Schwäche bleibt: gutes Essen und Trinken nach der Devise: »Krieg – und dann noch schlecht essen? Nee, nee, Kameraden! Det haut nich hin!« Bei einer Erkundungsfahrt mit Hauptmann Wockenfuß hat er einen Rehbock geschossen. Nun soll gefeiert werden.

»Als Vorspeise wird eine Dose Kaviar serviert, dazu gibt es besten Krimsekt.« Beides haben sie bei einem Verpflegungsoffizier in einem Warenlager in Dünaburg ausfindig gemacht. So gibt es also Rehrücken mit Preiselbeeren und Spätzle, für die wiederum Walter Häberle gesorgt hat.

»Im Schwabaländle gibt's eba abwechslungsreiche Koscht. Am Montag hemr Makkaroni, am Dienschtag Hörnle, am Mittwoch Spaghetti, Donnerstag Bandnudla – am Freitag Banakele, am Samstag und Sonntag eba Spätzle . . .« verkündet er voller Stolz.

»Det heeßt, immer een und derselbe Nudelkram, det würde mir aus de Ohren raushängen«, kontert Franzl.

Doch die handgemachten Spätzle des Häberle munden uns allen, weil man eben mehr Rehrücken und Soße auf den Teller füllt und dadurch die »gebratenen Spatzen« besser vertragen kann. Letztens fragte der Häberle den Franzl: »Magscht a Eile?« Doch der verstand: A Eule. »Wat denn, wat denn!« schrie Franzl in heller Aufregung. »Nicht nur Spatzen, sondern auch Eulen freßt ihr? Nee danke, det is nischt für Vaters Sohn, denn freß ick lieber'n Besen!«

Ansonsten versteht sich der Berliner mit dem Schwaben ausgezeichnet.

Dieses trostlose Land zwischen Don und Wolga besteht aus einer überdimensionalen Weite. Das unsagbare Nichts im endlosen Raum macht uns einfach melancholisch. Unser NSFO* Harald Biersack ergibt sich immer mehr dem Alkohol; doch bald wird unserem bequemen Etappendasein jäh ein Ende bereitet. Irgendein ehrgeiziger Offizier wollte sich wohl neue Sporen verdienen. Plötzlich wurden wir in eine ehemalige sowjetische Kaserne verlegt. Hier herrschte gesteigerte Aufbruchstimmung. Neben Instandsetzungsarbeiten der Fahrzeuge für die Sonderstaffel der Kriegsberichter begann ein ausgesprochener Kasernenhofdienst, als ginge es darum, uns für den Ernstfall zu einem Kampfkommando auszubilden. Einem schwerbeschädigten Frontoffizier, der nur noch einen Arm besaß, wurde das Kommando übertragen, um unseren eigenwilligen Haufen militärisch auf Vordermann zu bringen. Von nun an wechselten sich Exerzieren im Kasernenhof mit harten Gefechtsübungen im Gelände ab. Da wir nun als »Schmalspuroffiziere«** geführt wurden, mußten, außer Hauptmann Wockenfuß, auch alle Sonderführer sich der militärischen Prozedur unterziehen.

Im Morgengrauen hieß es: »Alarm! Alles feldmarschmäßig raustreten!«

* nationalsozialistischer Führungsoffizier
** Sonderoffiziere der PK-Kompanie trugen schmale Offizierslitzen.

Mit Stahlhelm und Gasmaske flitzten wir auf den Kasernenhof. Langsam kamen einige Männer aus dem Gebäude heraus. Mit mürrischen Gesichtern liefen sie aneinander vorbei. Harald Biersack gähnte noch und kratzte sich am puterroten Stiernacken.

»Det riecht aber vadächtich nach praktischer Erdkunde«, maulte Franzl.

»Vorwärts, meine Herren!« schnauzte der diensthabende Offizier. »Aber etwas plötzlich, wenn ich bitten darf! Is ja'n schöner Dreckhaufen hier. Propaganda machen ist gut, aber kämpfen noch besser!« schrie er mit hoher Fistelstimme.

»In Linie der Größe nach angetreten, marsch, marsch!« Mit zusammengekniffenen Lippen verfolgte der Schleifer vom Dienst das Aufstellen der Kriegsberichter, Kameraleute, Techniker, Ingenieure, Kraftfahrer, Küchenbullen und Melder. Er selbst trug einen Stahlhelm. Der Lederriemen spannte sich straff um sein spitzes Kinn.

»Des kann ja heiter werda«, murmelte Häberle.

»Nun, wird's bald, meine Herren?« Der Offizier trommelte nervös mit seinen Fingern auf seinem breiten Koppel rum.

Als die bunt zusammengewürfelte Einheit endlich Aufstellung genommen hatte, hielt Hauptmann Helbig, so hieß der einarmige Offizier, eine kurze Ansprache. An Deutlichkeit ließen seine Worte nichts zu wünschen übrig. Von katastrophaler Disziplin war die Rede; von mangelnder Moral und lässiger Dienstbereitschaft. Er blickte zynisch auf die angetretene Formation: »Sie täuschen sich gewaltig, wenn Sie meinen, eine Sondereinheit habe auch Sonderrechte. Die gesamte Heeresgruppe bereitet sich auf die kriegsentscheidende Sommeroffensive vor. Ich verlange von jedem höchste Einsatzbereitschaft und Pflichterfüllung bis zum Letzten. Damit die morschen Knochen mal wieder gründlich durchgerüttelt werden, machen wir jetzt eine kleine Geländeübung!«

»Auch das noch«, stöhnte Harald Biersack. Der Schleifer vom Dienst mußte es bemerkt haben, denn er blickte den NS-Führungsoffizier durchdringend an und höhnte: »Bei einigen hat sich im Winter ein unwahrscheinlicher Speckbauch ausgebildet, deshalb heißt die Parole: ›Fröhlich weg mit dem Winterspeck!‹«

»Dichten kann er auch noch«, stellte Franzl fest. »Mensch Meier, mir ist schon jetzt sau-übel.«

»Stillgestanden!« schrie Helbig. Ein leiser Ruck ging durch die Reihen: »Richt' euch!« brüllte er. »Links um! Ohne Tritt marsch!«

Der kleine Haufen setzte sich in Bewegung. Helbig stiefelte neben der Kolonne her.

»Ein Lied!« kommandierte er. »Rechter Flügelmann, ein Lied anstimmen!«

Boris Fenzlau war an der Reihe. Mit rauher Stimme rief er: »Die Mühle im Schwarzwald!«

»Drei! Vier!« – »Es steht eine Mühle im Schwarzwald im Tal, die klappert so leis' vor sich hin . . .«, mißmutig begannen wir zu singen.

»Das klappert wirklich so leis vor sich hin!« schrie Helbig. »Das nennt ihr singen? Sauhaufen!« Seine Stimme überschlug sich.

»Fliegerangriff von links – volle Deckung!« brüllte er. Die Männer spritzten auseinander und ließen sich fallen.

»Fliegerangriff vorüber! Zur Marschkolonne aufschließen!« kommandierte er weiter. Die Männer der Propagandakompanie erhoben und formierten sich.

»Ein neues Lied!« brüllte der Einarmige.

»Es ist so schön, Soldat zu sein«, rief Franz und stimmte sofort an. Wir schrien jetzt aus voller Kehle: »Nicht jeder Tag bringt Sonnenschein, Rosemarie . . .« Dem Schleifer schien unser Gesang immer noch nicht zu gefallen. Wieder brüllte er: »Fliegerangriff von rechts – volle Deckung!« Der ganze Haufen setzte sich in Trapp und stolperte über den Acker. Biersack suchte nach einer geeigneten Stelle, an der er sich hinlegen konnte und kam deshalb nicht so schnell auf den Boden.

»Mensch, Meier, können Sie keinen Anlegeplatz für Ihren wohlgeformten Körper finden?« Der Hauptmann stemmte seinen Daumen hinter sein breites Koppel.

»Hinlegen, Menschenskind! Auf dem Koppelschloß kehrt! – Bis auf meine Höhe vorarbeiten!« schrie er ihn an. »Alle anderen bleiben liegen!«

Harald Biersack robbte mit dem fülligen Bauch über die Erde. Mir lief bereits das Wasser unter dem Stahlhelm in die Halsbinde. Daß wir liegenbleiben durften und uns für kurze Zeit bewegungslos auf der kalten Erde plattdrücken konnten, empfand ich als

Erholung. Diese Alarmlage dauerte etwas länger, weil Biersack nicht so schnell vorankam.

»Mensch Mann, Ihre Vorfahren waren wohl Schildkröten aus der Steinzeit oder versuchen Sie, meinen Befehl zu unterminieren? – Der Führer hat für Drückeberger und Meuterer verschärfte Bestimmungen erlassen! Wer hier nicht spurt, wird mit der ganzen Härte der Wehrgesetze bestraft, merken Sie sich das!«

Gerade unserem NS-Führungsoffizier mußte er eine solche Ansprache halten. Franzl kicherte vor sich hin.

»Alles hört auf mein Kommando! – In Linie angetreten, marsch, marsch!« Schnell hopsten wir über den Acker, die Gasmasken, Büchsen und Kochgeschirre klapperten. Es dauerte zwei Stunden, bis die Tortur zu Ende war. Ende Mai war unsere Sonderstaffel einsatzbereit und zur Heeresgruppe Süd abkommandiert.

In den nächsten Tagen fahren wir ununterbrochen durch das weite Land. Nach langem Hin und Her gelangen wir in eine kleine Stadt. Wenn man das Treiben in den Straßen beschreiben soll, so fällt auf, daß ganz Rußland unterwegs zu sein scheint. Flüchtlinge, Frauen und Halbwüchsige, ihre Bündel auf dem Rücken; Hunderte in ungeordnetem Zug. Da ein breites slawisches Gesicht, dort ein glattrasierter Schädel über blütenweißer, gestickter Bluse mit schmalem Gürtel und dunklen Reithosen. Hin und wieder ein schönes Mädchen, meist unauffällig gekleidet, das seinen Weg geht, ohne nach rechts oder links zu schauen. Am Stadtrand finden wir ein kleines, sauberes Haus, in dem wir Quartier machen. Ein großer Obstgarten bietet nicht nur schattige Plätze gegen die brütend heiße Sonne, sondern auch gute Tarnung gegen feindliche Flugzeuge. Man hat uns in unserem Quartier zwar nicht gern aufgenommen, aber bald ist doch bei unseren Gastgebern ein zaghaftes, kleines Lächeln aufgeblüht, und bald haben wir Vertrauen zueinander. Unsere »Hauswirtin«, eine stille, scheue Frau mit ihrem zehnjährigen Sohn, scheint eine gebildete Person zu sein. Mit vorsichtigen, ersten Gesprächen versuchen wir, den Krieg vergessen zu machen. Nicht wie Harald Biersack kürzlich verkündete: »Wir haben uns nicht um die Gefühle der Zivilisation zu kümmern; wir haben Krieg zu führen.« Als wenn das eine das andere ausschlösse. So sind wir als Staffel I eine harmonisierende Gemeinschaft: Franzl Beck, Walter Häberle, Boris Fenzlau und Reinhold Wegmann. Andreas Carlowitz, ein blutjunger Student, der in Hamburg als Fotoreporter ausgebildet wurde, ist unser neuer Wortberichter. Hauptmann Wockenfuß hat sich seine neue Mannschaft zusammengestellt; als Kompaniechef führt er auch noch Staffel II. Harald Biersack gehört als NS-Wortberichter seiner Einheit an. Der kleine Carlowitz macht einen sehr guten Eindruck; er ist ein kunstbegabter Junge, doch gesundheitlich sehr anfällig. Zwei Jahre ist er in einer Lungenheilstätte gewesen – seine Tuberkulose scheint ausgeheilt – doch muß er sich schonen. Hauptmann Wockenfuß hat es mir sehr ans Herz gelegt, gut auf den »Jungen« aufzupassen. So soll ich also mitten im Grauen des Kampfes seine »Kriegsmutter« sein.

In der Stadt liegen Reservetruppen: Panzergrenadiere, Infanteristen, Pioniere, Panzerjäger, Luftwaffenpersonal, zwei Lazarette und eine Werkstattkompanie. Zum ersten Mal trifft hier eine Gruppe von einem Fronttheater ein, eine gemischte Komödianten- und Schauspielergruppe. Im Opernhaus unserer Kleinstadt werden verschiedene Aufführungen angeboten: Leichte Muse, ein Ballettabend und klassische Musik. Wir haben uns für einen Lieder- und einen Opernabend entschieden, d. h. Andreas Carlowitz, Franz Beck, Reinhold Wegmann und ich. Walter Häberle und Boris Fenzlau besuchen den Ballettabend.

Der Kunstgenuß im russischen Opernhaus kam mir wie ein entschwundener Traum aus einer Zeit vor, die längst vergangen und nie wiederkehren würde. Nach den schrecklichen Erlebnissen und Bildern des Krieges fühlte ich mich wie in einer anderen Welt. Zunächst sang der Tenor die bekannte Freiheitsarie des Florestan aus Fidelio von Beethoven:

»In des Lebens Frühlingstagen
ist das Glück von mir geflohen,
Wahrheit wagt ich kühn zu sagen,
und die Ketten sind mein Lohn . . .«

Ein Text, der in der Zeit der totalen Diktatur und einer unausdenkbaren Unfreiheit, aber auch der Drangsalierungen mit aufmerksamen Ohren verstanden wurde. So würde es den meisten gehen, wenn sie kühn sagen würden, was sie in den letzten

Wochen gedacht. Mit inbrünstiger Hingabe sang der Kammersänger die visionären Worte dieses Strafgefangenen, der in dem unteren Verlies des Kerkers in Ketten lag und in ein himmlisches Licht seiner Befreiung durch einen Engel sieht: »Zur Freiheit, zur Freiheit, zum himmlischen Licht!«

Wie viele Gefangene in Kriegsgefangenenlagern, in Konzentrationslagern, in Internierungslagern, Zuchthäusern und Folterkammern beteten wohl um diese erlösende Freiheit. Es gab anhaltenden Beifall; gewiß nicht nur wegen der schönen Stimme.

Auch das Schubertlied: »Wer nie sein Brot mit Tränen aß . . .« wurde vom Künstler sehr eindrucksvoll gestaltet.

»Wer nie sein Brot mit Tränen aß,
wer nie die kummervollen Nächte
auf seinem Bette weinend saß,
der kennt euch nicht, ihr himmlischen Mächte!

Ihr führt ins Leben uns hinein,
ihr laßt den Armen schuldig werden,
dann überlaßt ihr ihn der Pein;
denn alle Schuld rächt sich auf Erden.«

Wie viele Familienväter wurden in die himmelschreienden Sünden, in willkürliche Übergriffe hineingeführt – wie wurden sie einfach auf irgendeinen Befehl hundertfältig schuldig? In welcher Pein waren sie dann später den Feinden überlassen – geschlagen, zerlumpt, gefoltert und drangsaliert?

Jede Zeile, die so kraftvoll gesungen wurde, drang mir unter die Haut. Es war mir geradezu eine wohltuende Erholung, eine Antwort auf dic Frage des unsagbaren Leides in der feierlich-geistlichen Arie aus dem Evangeliumslied von Wilhelm Kienzl zu erhalten:

»Selig sind, die Verfolgung leiden
um der Gerechtigkeit willen,
denn ihrer ist das Himmelreich.
Selig seid ihr, wenn euch die Menschen
um meinetwillen schmähen und verfolgen
und reden allerlei Übles über euch,
wenn sie daran lügen . . .«

Ich blickte zu Reinhold Wegmann; ja, er war wirklich ein treuer Jünger Jesu, ein Zeuge seines Glaubens. Ein Lächeln glitt über sein Gesicht, als der Tenor aus voller Kehle mit dem wunderschönen Schmelz seiner Stimme sang:

»Freuet euch und frohlocket,
denn euer Lohn wird groß im Himmel . . .«

Wenn alle so leben und handeln würden wie dieser Wegmann, gäbe es wohl keine Kriege mehr. Während des Heimweges meinte Franzl Beck: »In der Heimat hat man det Lied von Goethe jetzt umjedichtet:

›Wer nie sein Brot auf Marken aß,
wer nie die Flak-durchtobten Nächte
im kalten Keller frierend saß,
der kennt euch nicht, ihr Achsenmächte.*«

Diesen Vers spricht Franzl perfekt hochdeutsch. Da auf der Straße noch reger Fußgängerverkehr ist, sage ich kurz und bündig: »Beck, nach einem so eindrucksvollen Liederabend passen solche Scherze nicht!«

»Zu Befehl, Herr Leutnant«, antwortet Franzl und legt die rechte Hand an seine Feldmütze.

Schon am nächsten Morgen erreicht uns der Befehl, zum Einsatz an die Front zu rücken. Wieder wird der ganze Krempel gepackt und im Kübelwagen verstaut. Wir sind angewiesen, uns bei einem Regimentsgefechtsstand zu melden. Als wir den vorgeschobenen Befehlsbunker erreichen, herrscht hier ein mißtrauisches Fragen:

»Wo bleibt denn heute der Abendsegen?« fragt der Regimentskommandeur und schüttelt mit dem Kopf. Gemeint war der tägliche Feuerüberfall der sowjetischen Artillerie. Der Oberst schob seinen linken Jackenärmel zurück und guckte auf die Armbanduhr, so, als wäre sein militärischer Instinkt ins Wanken geraten.

* Dreimächtepakt, der am 27. 9. 1940 in Berlin vom Deutschen Reich, Italien und Japan auf zehn Jahre geschlossen wurde. Dem Pakt traten später Ungarn, Rumänien, Slowakei, Bulgarien, Jugoslawien und Kroatien bei.

»Sonst pflegen doch die Sowjets pünktlich ihre ›eisenhaltige Luftpost‹ herüberzuschicken, man konnte fast seine Uhr danach stellen?«

»Dieses eigentümliche Schweigen gefällt mir ganz und gar nicht. Was geht da im Wald vor sich?« fragte der Regimentskommandeur und blickte seine Offiziere mißmutig an.

»Es ist mir heute früh schon aufgefallen, daß die Essenholer an der gefährlichsten Stelle, die sonst von den sowjetischen Scharfschützen eingesehen werden kann, nicht beschossen wurden«, sagt einer der Stabsoffiziere.

»Herr Hauptmann«, sagt der Oberst nach kurzer Zeit des Überlegens zu einem Kompanieführer, der zur Lagebesprechung gekommen war: »Stellen Sie für morgen früh um fünf Uhr einen Spähtrupp zusammen, und erkunden Sie bis in die rückwärtigen Waldstellungen. Höchste Dauer des Unternehmens: vier Stunden – suchen Sie Ihre besten Leute aus, darunter einen, der das Gelände bis zu den Waldstellungen, vom letzten Unternehmen her, einigermaßen kennt. Nach Aussagen von Gefangenen sollen verstreute Minenfelder vor uns angelegt worden sein.«

»Zu Befehl, Herr Oberst!« sagte der Angesprochene und schlägt seine Hacken zusammen.

»Noch eins, nehmen Sie bitte die Herren von der Propagandakompanie mit – es sind erprobte Männer, die schon viele Spähtruppunternehmen begleitet haben.«

»Zu Befehl, Herr Oberst!«

Kurz darauf stapfen wir mit dem Kompaniechef in den Gefechtsstand. Reinhold Wegmann, Häberle und Fenzlau haben wir mit dem Wagen und dem Krad zurückgelassen.

Bald bricht die Nacht herein. Mit unseren weiten Regenmänteln sehen wir wie Verschwörer aus, die einen gefährlichen Mordanschlag vorhaben. Auf dem Weg erklärt mir der Kompaniechef: »Die ganze Sache ist höchst eigentümlich; entweder sind die Russen abgehauen oder sie bereiten ein ganz gefährliches Ding vor und versuchen, aus dem Brückenkopf auszubrechen. – Na, wir werden ja sehen.«

Auf dem Weg kontrolliert der Hauptmann noch die Feldwachen und bestimmt gewisse Männer für das Spähtruppunternehmen. Danach weist uns der fronterfahrene Kompaniechef in einen Bunker ein.

»Herrschaften, hier kommen die Leute von der Wochenschau – rückt alle gefälligst etwas zusammen. Die Betten der Feldwachen können Sie benutzen. Also dann noch einen intensiven Schlaf, meine Herren«, lacht der Hauptmann und verschwindet.

Zunächst befragen uns die Männer des Bunkers über unser Dasein und über unsere Aufgaben. Dann hauen wir uns auf die »Betten«.

Von Schlaf konnte überhaupt keine Rede sein. Ich bekam kein Auge zu. Außerdem fror ich jämmerlich; die wenigen Decken reichten einfach nicht aus. Die Stiefel behielten wir an und hatten dadurch wenigstens warme Füße.

Der Bunker lag nicht weit von einem Sumpf entfernt. Das wenige Stroh war schon naß und muffig. Die feuchte Kühle kroch vom Boden hoch bis unter unsere Rücken. Dazu kam wieder einmal diese elende Schnakenplage. Wie Sturzkampfbomber stürzten sie sich auf uns. Ganze Geschwader überfielen uns.

»Mensch, die verrückten Biester! Dieset metallhelle Surren macht mir noch janz meschugge. Immer wieder wollen die bei mir an de Ohrn zur Landung ansetzen«, quengelte Franzl.

Andreas Carlowitz pflichtete ihm bei: »Die Stiche könnte man ja noch aushalten, aber dieses Surren geht einem auf die Nerven. Es klingt wirklich wie das Pfeifen von Stukas (Sturzkampfbomber), die sich wie Aasgeier auf den Feind stürzen.«

»Ruhe!« brüllt einer der Frontsoldaten, »morgen surren uns vielleicht Maschinengewehrsalven um die Ohren, sie sind viel gefährlicher!«

Letzten Endes übermannte uns doch der Schlaf. Hin und wieder wurde ich jetzt durch das durchdringende Schnarchen geweckt; dann nickte ich wieder ein. Ich war schon halb »drüben« – da riß mich plötzlich ein wildes Geknalle aus dem leichten Schlaf.

»Was ist jetzt los?!« riefen fast alle. Doch bald verstummte das Infanteriefeuer.

»Ach, der Russe macht nur ein wenig Rabatz, um sich seine Angst zu vertreiben«, sagte einer aus der Ecke.

Bald hörten wir in der Ferne das dumpfe: »Wumm-wumm! Abschuß und Einschlag der feindlichen Geschütze in unmittelbarer Folge.

»Will denn der Iwan heute überhaupt keine Ruhe geben?« maulte einer, schlief aber wieder ein.

Jetzt gab es andere Detonationen. Da konnten doch keine russischen Geschütze sein. Wieder waren einige erwacht und rätselten herum. Wir lauschten angestrengt auf diese neuen Geräusche.

»Hört sich das nicht wie Sprengungen an?« meinte ein Unteroffizier, doch dann blieb der Schlaf erneut der Sieger.

Ich konnte aber keine Ruhe finden. Das entfernte Krachen ging noch eine Weile weiter, bis wieder magische Stille eintrat. Doch auch diese Ruhepause dauerte nicht lange, da brach ein fürchterliches Infanteriefeuer los. Salven von MG zwitscherten durch die Nacht; dann explodierten drei, vier Handgranaten.

»Schlief denn unser Posten?« dachte ich. »Das hört sich doch wie Nahkampf an? Waren die Sowjets in die Stellung eingebrochen?«

Jetzt hörte ich das schnelle Pfeifen der Maschinenpistolen. Also doch Nahkampf!

Wie auf Befehl sprangen jetzt alle von ihren Lagern und stürmten hinaus. Angestrengt horchten wir in die endlose Schwärze. Keiner wagte, einen Ton von sich zu geben. Nichts – nur aus den nahen Sümpfen hörten wir das Quaken der Frösche.

Mißmutig kehrten wir in den Bunker zurück. Jeder legte sich wieder auf sein Lager; doch keiner traute dem Frieden. Wir lagen wach und unterhielten uns von Zeit zu Zeit, gewissermaßen in Raten.

Bald dämmerte es. Der Morgen kam. Wir standen auf und machten uns zum Spähtruppunternehmen fertig. Fünfzehn Männer in feldgrauer Uniform begaben sich nun auf den Weg. Die Männer des Spähtrupps waren meist mit Maschinenpistolen bewaffnet; ein Schütze trug ein leichtes Maschinengewehr. In Schützenreihe, mit je acht Meter Abstand voneinander, überquerten wir ein sumpfiges Gelände. Kleine Frösche hüpften erschrocken vor unseren Stiefeln hoch und platschten wieder ins Wasser. Der Gedanke, hier möglicherweise in Sekundenschnelle in volle Dekkung gehen zu müssen, belebte unsere Schritte, weil wir bis zu den Knöcheln im Morast einsanken.

Bald hatten wir, ohne direkte Feindberührung, den Wald erreicht. Auch hier versanken unsere Knobelbecher (Soldatenausdruck für Stiefel) bis über die Knöchel im Schlamm. Die ganze Gegend schien wie ein vollgesogener Schwamm. Hin und wieder scherte ich aus der Reihe und ließ meine Kamera laufen. Andreas Carlowitz half mir, die Geräte zu tragen. Wir passierten mehrere Granattrichter, die von Einschlägen der deutschen Artillerie herrührten. Diese Löcher standen voll schmutzigem Wasser, und zwar gestrichen voll bis an den Rand.

Als wir über eine größere Lichtung kamen, sahen wir am gegenüberliegenden Waldrand ein Storchenpaar beim Morgenspaziergang. Offensichtlich ahnten diese Tiere nichts vom grausigen Krieg. Wie märchenhaft schön war diese Landschaft, der wir hier begegneten. Man hätte ganz den Ernst der Stunde vergessen können. Auch sonst bemerkte man hier nicht das Grauen des Krieges. Nachdem wir so zirka eine Stunde marschiert waren, erreichten wir verlassene Stellungen der Sowjets. Eine Unmenge von Kriegsmaterial lag weit verstreut herum. Vorratslager und Bunker waren gesprengt. Scheinbar war es dem Feind gelungen, sich aus dem Brückenkopf unbemerkt herauszuschleichen. Wir filmten und fotografierten die zerstörten Kriegsgeräte und die verlassenen Stellungen.

»Der Iwan scheint mit seinem Latein am Ende zu sein«, meinte Franzl. »Wahrscheinlich haben die keene Waffen und Munition mehr, oder aber ooch keene Verpflegung?«

»Blödsinn!« sagte der Spähtruppführer, »die Russen ändern ihre Taktik. Sie weichen aus und nehmen die Schlacht nicht mehr an. Sie wollen uns, wie einst Kaiser Napoleon, in die Falle locken. Wir siegen uns immer tiefer in den unendlichen Hinterhalt voran – dann dreht der Russe den Sack zu, und alles bricht zusammen . . .«, orakelte der Oberleutnant.

»Mensch, Meier, wenn det der Adolf wüßte . . .«, lamentierte Franzl, ehe wir in die Ausgangsstellung zurückkehrten.

Unsere Ausbeute an Filmmaterial war nicht sehr groß; dennoch freuten wir uns, als wir Reinhold Wegmann, Häberle und Fenzlau wieder trafen.

»Schön, daß ihr gesund und heil zurückgekommen seid«, sagte Boris Fenzlau. »Heute ist man schon froh, wenn es einen in diesem weiten Land, das voller Läuse und Wanzen ist, in dem Geheul der Raketen, im tosenden Feuerüberfall, inmitten schlammiger Straßen, im Sumpf oder in der Steppe, in den endlos verfilzten Wäldern, den heimtückischen Schüssen von Partisanen, nicht erwischt hat!«

Der sonst so wortkarge Unteroffizier schüttete sein ganzes Herz aus, wenn er dabei auch alle Gefühle zu einem deftigen Wortbrei zusammenmengte. Wir waren gerührt von dem Mitleiden und Mitempfinden der wartenden Kameraden.

Als wir unser altes Quartier wieder erreicht hatten und uns die erste Mahlzeit gebracht wurde, meinte Fenzlau:

»Wie lange mag dieser verfluchte Krieg noch dauern? – Was haben wir hier, an der Grenze von Asien, überhaupt verloren? Da werden Millionen Männer wegen irgendeines wahnsinnigen Befehls in die unendliche Weite eines Landes gejagt, in dem uns langsam die Puste ausgeht.«

»Des isch halt die hohe Kunscht der Politik, davon verstot dr kloine Ma halt nix«, antwortete Häberle.

»Wohin sie wohl den Iwan Sadko verfrachtet haben?« meinte Wegmann. »Ich muß in den letzten Tagen oft an ihn denken.«

»Vielleicht haben sie ihn irgendwie verheizt oder zur Gegenspionage gezwungen«, meinte Fenzlau.

»Wie heißt es doch immer so einfallsreich: Der Sachschaden war gering! – Der Mensch ist doch nur eine bedeutungslose Kriegsware, die man wie auf einem schwarzen Markt hin- und herschiebt«, ergänzte er.

Nun schaltete auch Wegmann sich in das Gespräch: »Was ist der Mensch? heißt es im Wort Gottes, und die Antwort liegt klar auf der Hand: Ein Mensch ist in seinem Leben wie Gras, er blüht wie eine Blume auf dem Feld; wenn der Wind darübergeht, so ist sie nimmer da, und ihre Stätte kennet sie nicht mehr. Wie Iwan Sadko sind wir alle Gras – Stoppeln, Laub – völlig vergänglich – aber wer glaubt es schon? Wir leben doch, als würde unser Leben nie enden und Mose mahnt uns: ›Lehre uns bedenken, daß wir sterben müssen, damit wir klug werden.‹ Mose bittet uns angesichts der Ewigkeit, nicht weiter so oberflächlich in den Tag zu leben, ohne das Ende des Lebens ernstzunehmen«, erklärt uns Reinhold Wegmann; und er hat recht. Wie oft haben wir dem Tod ins Angesicht geschaut? Wie viele bestialisch verstümmelte Leichen haben wir gesehen und gefilmt. Aber gerade der Gefahr entronnen, ist vieles schnell vergessen.

Franzl, der eben Filmbüchsen beschriftete, gab seine Ansicht zum Besten: »Wenn ick abkratzen muß, denn soll et schnell geschehen. Am besten überhaupt nischt merken – ruck-zuck – und weg is man!« Er macht eine Bewegung, als würde man ihm den Kopf abschlagen. »Man muß eben mit allem rechnen.«

Wegmann, der in seinen Sachen herumkramte, gab zu bedenken: »Nur mit allem zu rechnen, reicht aber nicht aus, um vor Gott zu bestehen. Nein, man sollte zu allem bereit sein, eben auch dem Schöpfer in rechter Weise zu begegnen. Mein Wunsch wäre, wenn der Augenblick gekommen, um aus dem Leben abscheiden zu müssen, es in der vollen Gewißheit der Vergebung aller Schuld mitzuerleben.«

Jetzt wird es ganz still – jeder ist durch dieses Bekenntnis mit sich selbst beschäftigt. Ein geheimnisvolles Ahnen zieht uns durch den Sinn – wer wird wohl der erste sein, den es erwischt? Von anderen PK-Kompanien haben wir gehört, daß sie schon große Verluste hatten; doch wir sind bisher alle verschont geblieben. Abgesehen von Franzls Verletzung sind wir in den schlimmsten Gefechten doch unversehrt davongekommen.

Franzl unterbricht endlich das Schweigen: »Mensch, wenn ick bedenke, det ick hier in der Nähe der Wolga einmal campieren muß; wenn mir det meine Mutter an de Wiege jesungen hätte, ick weeß nich, wat ick jemacht hätte. Aber det ham wer ja schon in de Schule jelernt: ›Wem Gott will rechte Gunst erweisen, den schickt er in die weite Welt . . .‹« Mit angenehmer Stimme trällert er den ersten Vers des bekannten Wanderliedes dahin. Mitten im Lied bricht er ab. Scheinbar ist ihm der Text entfallen.

»Mit solch einer Stimme könntest du doch noch schönere Lieder singen«, meint Wegmann. Dann deklamiert er den Text eines Liedes, das wie ein Volkslied klingt:

»Ich bin durch die Welt gegangen,
und die Welt ist schön und groß,
und doch ziehet mein Verlangen
mich weit von der Erde los.«

»Det Lied kenn ich jar nich; da hab ick wohl die Masern jehabt, als wir det in der Schule lernen mußten«, meint Franzl.

Wegmann deklamiert weiter:

»Ich habe die Menschen gesehen,
und die suchen spät und früh;

sie schaffen, sie kommen und gehen,
und ihr Leben ist Arbeit und Müh.

Sie suchen, was sie nicht finden
in Liebe und Ehre und Glück,
und sie kommen belastet mit Sünden
und unbefriedigt zurück.«

Alle schweigen und hören aufmerksam zu, ohne dabei ihre begonnene Beschäftigung zu unterbrechen. Nur Andreas Carlowitz hat seinen Bleistift aus der Hand gelegt, während Reinhold Wegmann fortfährt:

»Es ist eine Ruh' vorhanden
für das arme, müde Herz,
sagt es laut in allen Landen:
Hier ist gestillet der Schmerz.

Es ist eine Ruh' gefunden
für alle, fern und nah:
In des Gotteslammes Wunden,
am Kreuze von Golgatha.«

Während des Vortrages steht Harald Biersack für kurze Zeit an der geöffneten Tür, schleicht dann aber wieder davon.

Franzl feixt schon wieder: »Der hört lieber:

Von Finnland bis zum Schwarzen Meer,
vorwärts, vorwärts, nach Rußland marschiern wir.«

»Ich habe aber den Eindruck, daß er in der letzten Zeit doch sehr nachdenklich geworden ist. Das Schema von der Unbesiegbarkeit der deutschen Armee scheint für ihn nicht mehr ganz selbstverständlich zu sein«, sagt Boris Fenzlau.

In den kommenden Wochen erleben wir erneut den sogenannten »Blitzkrieg« an der Südfront in Rußland. Wir filmen die deutschen Panzerspitzen. Die entscheidenden Waffen der Offensive sind neue deutsche Panzer. Wir nehmen die deutschen Kradschützen beim Vormarsch in der unendlichen großen Steppe des Landes auf. Mit Franzl und Andreas Carlowitz erleben wir die Schlacht um Charkow; filmen den Kampf um die Brücken des Don und folgen der deutschen Panzerspitze der 6. Armee, in unsagbare Staubwolken gehüllt, durch die ungeheure Donsteppe bis vor Stalingrad. Bei extremen Sommertemperaturen reißen wir uns fast alle überflüssigen Kleidungsstücke vom Leibe. Bald geht uns der Sprit aus, so daß wir wochenlang liegenbleiben müssen.

Franzl verpackt in einer kleinen Küche das schon gedrehte Filmmaterial, während Andreas Carlowitz beim Schein einer Kerze an der Schreibmaschine sitzt und noch schnell einen Frontbericht tippt. Ich bin hundemüde und lege mich in das Lausebett, das in dem sogenannten Wohnzimmer steht.

Müde von der elenden Hitze falle ich sehr bald in tiefen Schlaf. Ich träume von einem großen Ameisenhaufen, tausend fleißige Tiere hasten kreuz und quer über zusammengeschleppten Nadeln, Ästen und Blütenblättern. Plötzlich fahre ich, durch ein schmerzhaftes Beißen am Rücken und am Hals, hoch. Es rieselt immer noch im großen Ameisenhaufen.

Auch Wegmann ist aufgewacht. Im Schein seiner Taschenlampe entdecken wir ganze Heerscharen von Wanzen, die aus den Ritzen zwischen Fußboden und Mauer hervorbrechen. Franzl hat seine Taschenlampe auch eingeschaltet und verfolgt den feindlichen »Heereszug« an der Wand bis zur Decke hoch. Von dort fallen sie auf uns hernieder.

»Mensch Meier, det is vielleicht eene Wanzenbude. Bloß raus aus dem Dreckstall, sonst fressen uns die Biester bei lebendigem Leibe!« Wie Onkel Fritze aus Wilhelm Buschs Kinderalbum saust der Berliner aus dem Bett und reißt sich schnell die Kleider vom Leib.

»Det is vielleicht ein Schweinestall im sogenannten Sowjetparadies – nee, nee, det is nischt für Vaters Sohn . . .« Er schüttelt seine Unterwäsche aus und zieht sich schnell wieder an. Bald stehen wir alle halb angezogen im Raum herum.

»Es ist wohl das Beste, wenn wir unser Quartier schnellstens verlassen«, sage ich.

Wie auf Befehl raffen wir unsere Kurierbeutel mit den Filmen, den Kameras, Stativen, Filmbüchsen und Fotoapparaten, Schreibmaschinen und allem anderen Krempel zusammen und stürmen zur Tür hinaus. Zuletzt tragen Fenzlau und Häberle die Feldbetten mit den Schlafsäcken hinaus. Wegmann läßt schon den Motor laufen – alles geschieht in Windeseile wie bei einem Kommandounternehmen. Durch die angenehme Nachtluft fahren wir mit abgedunkeltem Licht.

Vor einem verlassenen Bauernhaus, das recht ordentlich aussieht, lasse ich halten. Wir leuchten das Gebäude ab; nichts regt sich. Eine Katze springt von einer Mauer und verschwindet in der Finsternis.

»Vielleicht sollten wir uns hier einnisten?« sage ich mit fragendem Unterton. »Herr Leutnant, mir gefällt dieses einsame Haus überhaupt nicht«, bemerkt Reinhold Wegmann. »Wir sollten versuchen, im nächsten Ort etwas Besseres zu finden.«

»Also weiter!« kommandiere ich. Wir sind kaum hundert Meter weitergefahren, als scharfe Schüsse hinter uns herpeitschen. Handgranaten, die aus dem Dachfenster geschmissen werden, explodieren neben uns. Reinhold Wegmann gibt Vollgas. Hinter uns her kommen die Krafträder mit heulendem Geräusch angebraust.

»Mensch Meier, det hätte aber ins Auge gehen können«, keucht Franzl. Obwohl er keinen Meter gerannt ist, schnauft er wie nach einem Dauerlauf. »Ick jlobe, der Reinhold hat den sechsten Sinn. Den holen die Engel Gottes wirklich aus jeder Gefahr. Wenn der mal nicht mehr bei uns ist, sind wir verloren.« Der letzte Satz bewegt mich in den kommenden Tagen unwahrscheinlich. Reinhold Wegmann aber korrigiert Franzl:

»Gott will, daß allen Menschen geholfen wird, sie zur Erkenntnis der Wahrheit kommen«, sagt er schlicht. »Gott hat keine Stiefkinder. Dem Aufrichtigen läßt er's gelingen . . .« setzt er noch hinzu, während er uns wohlbehalten bis ins nächste Dorf steuert.

In einer ehemaligen Schule konnten wir bei einer Nachrichteneinheit Unterschlupf finden. Hier hatten sich die deutschen Soldaten schon recht ordentlich eingerichtet.

Am Morgen sagte mir der Nachrichtenführer dieser Abteilung, daß man in der Nähe einen großen Kühlturm der Russen erobert hätte. Die Gefrieranlage hatten die Sowjets zerstört, deshalb war Eile geboten, die wertvollen Verpflegungsbestände zu verteilen. Schnellstens räumten wir unsere Kübelwagen und das Beiwagenkrad von allem »unnötigen Ballast«. Häberle und Fenzlau fuhren mit mir los, um »wertvolle Kriegsbeute« zu organisieren.

Der Oberzahlmeister, ein recht fröhlicher, gutherziger Mann, war sehr freigebig. Wir luden ein Faß mit 25 kg Butter, einen halben gefrorenen Hammel, große Stücke Rindfleisch, einen Kasten mit Krimsekt, eine Menge getrocknetes und frisches Obst, Konservenbüchsen mit Schweinefleisch, Leberwurst und Eisbein in unseren Wagen und in den Seitenwagen des Motorrades ein. In die ehemalige Russenschule zurückgekehrt, ließ ich mich mit Hauptmann Wockenfuß verbinden, dem ich die Hälfte unseres Verpflegungsschatzes anbot.

Am Nachmittag saßen wir vereint mit unseren »alten Kameraden« bei einem fürstlichen Mahl – Franzl hatte gekocht und gebrutzelt; doch wurde unser Festmahl durch eine Meldung von Hauptmann Wockenfuß etwas getrübt. Wir erhielten nämlich den Befehl, südlich von Stalingrad der 16. Infanteriedivision zur Verfügung zu stehen. Zwischen der Stalingrad-Armee und der Heeresgruppe A, die das Ölparadies am Kaukasus erobern sollte, klaffte eine dreihundert Kilometer breite Lücke. Aus diesem ungeheuren Loch konnten alle möglichen Überraschungen kommen. Eine einzige Infanteriedivision überwachte, stützpunktartig, diese weite Einöde am Rande der Kalmückensteppe. Ein kühnes Spähtruppunternehmen sollte Aufschluß darüber geben, was sich in diesem riesigen Niemandsland verbarg.

Außer wenigen Spezialisten wurden für dieses Unternehmen nur Freiwillige herangezogen. Festzustellen war, ob und wo die Russen in diesem unerforschten Niemandsland Truppen stationiert hatten, wo sowjetische Stützpunkte eingerichtet wurden oder ob größere Truppenbewegungen von Nord nach Süd im Gange waren. Zum anderen sollte eine neue, völlig unbekannte Industrieeisenbahnlinie kontrolliert werden.

»Eba hat ma das Schlaraffaland gfunda, do muscht scho wieder ganga. Isch a arg böses Gschäft bei dr Propagandakompanie«, sagt Häberle recht traurig.

Den ganzen Abend über wird gepackt. Wir sind recht froh über unsere zusätzlichen eisernen Rationen an Konservenbüchsen aus dem russischen Nachschublager. Beim Anblick der gut verpackten Konserven meint der Schwabe noch: »Wenigschtens oin

Troscht, ma hot ja sonscht nex vom Leba. Wenn des mei Lina wüßt, welch a Zigeinerdasein mir hier frischta müsset!«

Die Nacht vergeht schnell. Noch im Dunkeln wecke ich die Kameraden der Staffel. Fröstelnd torkelt einer nach dem anderen aus dem Quartier und begibt sich zu den Fahrzeugen. Im Kübelwagen sitzt außer mir Reinhold Wegmann am Steuer und hinter uns Franz Beck mit der Fotoausrüstung. Walter Häberle steuert das neue Beiwagenmotorrad; im Beiwagen selbst sitzt Andreas Carlowitz, unser »Benjamin«, so hat ihn Reinhold Wegmann genannt. Boris Fenzlau dagegen hockt allein auf seinem BMW-Motorrad.

»Alles fertig, meine Herren?« rufe ich den Jungen zu. »Müdigkeit gilt nicht. Wer nicht wagt, der nicht gewinnt!« Wir fahren unentwegt furchtbare Feldwege, die in meiner Karte als »Hauptstraßen« eingezeichnet sind. Wir kommen durch kleine Dörfer mit unscheinbaren Häusern. Unter den tiefen Strohdächern schauen uns russische Zivilisten nach. Einmal überqueren wir eine Behelfsbrücke, die Knüppel unter unseren Rädern bollern beängstigend – wir fahren fast im Schrittempo. Am anderen Ende der Brücke steht ein deutscher Feldposten mit seiner achtungsgebietenden Kelle. Ich übergebe ihm den Fahrbefehl des Armeekommandos. Sogleich erhalten wir freie Fahrt.

Am späten Nachmittag erreichen wir die Kleinstadt Elista am Rande der Kalmückensteppe. Noch am selben Abend werden die letzten Einzelheiten für das geplante Fernspähtruppunternehmen besprochen, das uns durch die Kalmückensteppe bis in die Nähe des Kaspischen Meeres bringen soll. Die Nacht verbringen wir in einem Haus am Rande der Stadt Utta. Um 4.30 Uhr beginnt das geheimnisvolle Unternehmen. Ein scharfer, kühler Herbstwind fegt über die fast baumlose Steppe. Ehe der große Glutball durch den Hochnebel im Osten heraufkommt, ist es noch empfindlich kalt. Dieser abenteuerliche Marsch soll uns ca. 150 Kilometer tief in unbekanntes Feindgebiet führen. Alles ist gut vorbereitet. Jeder Spähtrupp hat zwei große Panzerspähwagen mit je einer 2-cm-Flakkanone. Ihnen folgt ein Kradschützenzug mit je zwanzig bis dreißig Männern. Auf einem Schützenpanzer hat man ein oder zwei 5-cm-Pakgeschütze montiert. Jede der vier Gruppen führt einen größeren Lastwagen mit Wasser und Benzin mit sich. Auch gut ausgerüstete Pioniere begleiten uns auf einem Gerätewagen.

Dazu kommen je ein Sanitätskraftwagen mit einem Arzt sowie einem Instandsetzungstrupp im Kübelwagen. Je ein Funkkraftwagen vervollständigt jede Gruppe. Boris Fenzlau fungiert als Dolmetscher; seine guten Sprachkenntnisse kommen uns sehr zugute.

Auf meinen persönlichen Wunsch hatte Reinhold Wegmann, den ich bei seiner Morgenwache bei Kerzenschein beobachtete, gebeten, den aufgeschlagenen Text vorzulesen. Es war ein Psalmlied Davids:

»Von allen Seiten umgibst du mich
und hältst deine Hand über mir . . .«

Ja, dachte ich, bei solch einem Unternehmen wäre der Schutz Gottes bitter nötig. Weiter las Wegmann:

»Wohin soll ich gehen vor deinem Geist?
Wohin soll ich fliehen vor deinem Angesicht? . . .«

Reinhold unterbrach das Vorlesen und sagte: »Der Fischer Simon Petrus antwortete Jesus einmal mit den Worten: ›Herr, wohin sollen wir gehen? Du hast Worte des ewigen Lebens; und wir haben geglaubt und erkannt: Du bist der Heilige Gottes.‹«

Dann blickte Wegmann wieder in die Heilige Schrift und las weiter:

»Führe ich gen Himmel,
so bist du da,
bettete ich mich bei den Toten,
siehe, so bist du auch da.
Nähme ich Flügel der Morgenröte
und bliebe am äußersten Meer,
so würde auch dort deine Hand mich führen
und deine Rechte mich halten . . .«

Die Morgenröte war ja noch nicht erschienen; aber wir sollten bis an das Kaspische Meer gelangen. »David mußte damals ein uneingeschränktes Vertrauen zu Gottes Gewalt haben«, dachte ich.

»Zu wissen, daß man von allen Seiten von Gott umgeben ist, das muß eine herrliche Sache sein«, sagte ich zu Wegmann.

»Es ist für mich die allerschönste Gewißheit, Herr Leutnant. Ohne diesen Trost wäre man doch sehr elend dran.« Mein Kraftfahrer sprach ganz ungeniert noch ein kurzes Gebet, ehe wir die Männer unserer Staffel weckten.

Bald darauf fuhren wir im stark gesicherten Geleitzug durch das unwirtliche Land.

»Vorwärts, vorwärts, nach Osten marschieren wir . . .«, singt Franzl. Zunächst haben wir alle unsere Mäntel mit hochgeschlagenem Kragen an. Der Chef der Panzerspähkompanie fährt an der Spitze des Konvois. Unsere Hauptaufgabe auf der südlichen Route des Fernspähtruppunternehmens ist, Gefangene einzubringen und die in unserer Karte noch nicht eingezeichnete Eisenbahnlinie Astrachan-Archangelsk zu erkunden. Wahrscheinlich benutzen die Russen diese Ölbahn auch zu Truppentransporten von Nord nach Süd. Um die Mittagszeit wird es sehr heiß. Bald haben wir die Mäntel ausgezogen und unsere Mützen abgesetzt. Eine erste Pause wird eingelegt. Mitten in der Kalmückensteppe kochen wir unser Mittagessen. Unsere Sonderverpflegung kommt uns jetzt sehr zugute. Dieses seltsame Feldlager, umgeben von trostlosen Sanddünen, filme ich von allen Seiten.

»Man hat fast den Eindruck, in Afrika zu sein«, meint unser Benjamin Andreas Carlowitz. Er scheint guter Dinge zu sein.

Überhaupt haben wir das Empfinden, als moderne Indianer auf dem Kriegspfad durch das Land zu brausen.

»Karl May hat mir schon immer sehr interessiert; weil ick zuviel Indianergeschichten jelesen habe, bin ick einmal sogar in der Schule sitzenjeblieben. Is ja wohl keene Schande, oder?« verrät uns Franzl.

Nach einer Stunde Aufenthalt setzt sich die Kolonne wieder in Bewegung. Nur mühsam kommen die Motorräder durch den tiefen Sand voran. Immer wieder muß der Werkstattrupp eingreifen. Trotzdem schaffen wir es am ersten Tage, über 100 km tief in Feindesland einzudringen.

Zur Nacht richten wir uns mit unseren Schlafsäcken und Zelten so gut wie nur möglich ein. Es wird eine empfindlich kalte Nacht; dann aber geht es in aller Frühe wieder weiter. Sehr bald stoßen unsere Panzerspähwagen über die letzten Sanddünen vor. An der Spitze fährt der Kommandeur des Spähtrupps, als vom Turm eines Spähwagens gerufen wird: »Vor uns die Salzseen!« Die Kolonne stoppt für kurze Zeit. Durch die Ferngläser erkennen wir im Sonnenglanz der ersten Sonnenstrahlen die funkelnden Wasseroberflächen der Seen.

Bald können wir auch in der Ferne die begehrte Eisenbahn ausmachen. Der Kommandeur läßt die beachtliche Gruppe der Kradschützen, Flak- und Panzerwagen sowie den Tross als Reserve zurück. Wir bekommen den Befehl, bei den Pionieren aufzusitzen. Der Sonderführer, Carlowitz, Unteroffizier Franzl Beck und ich nehmen die Geräte und setzen uns zu den Pionieren. Wegmann, Häberle und Fenzlau bleiben zurück. In rasanter Fahrt steuern wir auf ein Bahnwärterhäuschen zu. In der Ferne erkennen wir den Bahnhof Senseli. Vor dem Bahndamm sehen wir beim Näherkommen Zivilisten bei der Arbeit. Es sind ca. 50 Männer und Frauen. Als wir den verdutzten Zivilarbeitern begegnen, werden wir mit einem jubelnden »Hurra« empfangen. Es handelt sich um Familien aus der Ukraine, die zwangsweise hierher evakuiert worden sind. Viele von ihnen sprechen recht gut deutsch.

»Wann vertreibt Ihr endlich die Bolschewisten aus ganz Rußland?« rufen einige. »Härzlich willkommän!«

Sofort bin ich vom Wagen herunter und filme mit Franzl, während Carlowitz eifrig die Leute begrüßt und befragt. Während wir noch mit ihnen verhandeln, rufen einige: »Da kommt ein Transportzug!«

Vom Süden her taucht eine enorme Rauchfahne auf. Der Kommandeur brüllt: »Panzerspähwagen hinter diesen Sandhügel in Stellung gehen – Pionierwagen nach rechts ausweichen!«

Die Zivilisten legen sich auf den Boden nieder. Jetzt schnauft der überschwere, lange Güterzug mit Benzin und Öl heran. Der Zug wird von zwei Lokomotiven gezogen.

»Achtung! – An die Richtkanoniere! – Lokomotiven als Ziel aufnehmen!«

Immer näher schiebt sich der lange Güterzug heran. Der Leutnant wartet mit gespannter Aufmerksamkeit. Dann schreit er: »Fertig? – Feuer frei!«

Die Geschosse jagen hinüber zu den Lokomotiven. Mit großem

Getöse explodieren diese alten Stahlrosse. Dampf spritzt aus den zerschossenen Kesseln. Die Feuersglut der Öfen wirbelt durch die Luft.

»Jetzt Wagen um Wagen einzeln in Brand schießen!« befiehlt der Leutnant.

Eine Explosion auf die andere erfolgt. Wir filmen eifrig, während die Ukrainer bei jedem Wagen, der in Flammen aufgeht, großen Beifall klatschen.

»Jagt sie davon!« brüllt neben mir ein Russe voller Begeisterung.

»Jagt die Sowjets fort. Sie plündern uns nur aus! Nieder mit Stalin!« rufen die Ukrainer im steten Durcheinander.

»Alle Wagen brennen«, ruft der Kommandeur: »Nun wollen wir uns mal den Bahnhof genauer ansehen.«

Mit den Pionieren fahren wir zu den Holzhäusern. Das Bahnhofsgebäude ist verlassen.

»Gebäude und Bahnkörper zur Sprengung vorbereiten!« befiehlt der junge Leutnant.

Noch durchstöbern die Männer des Spähtrupps die Unterlagen des Bahnhofs, als plötzlich das altertümliche Telefon zu schellen beginnt.

»Junge, Junge, wat is denn nun los? Mensch Meier, hab ick mir jetzt erschrocken«, stöhnt Franzl. »Det is doch nich etwa meine Jroßmutter aus Berlin? Woher soll die denn wissen, wo ick mir hier rumtreibe?«

»Herr Leutnant, das Telefon!« ruft ein Unteroffizier der Pioniere.

Mit dem Dolmetscher kommt der Leutnant heran. Ein heftiges Gespräch entwickelt sich. Der Dolmetscher ruft laut in die Sprechmuschel. Nachdem das hitzige Gespräch beendet ist, befiehlt der Spähtruppführer, den Bahnhof und die Gleisanlagen mit geballten Ladungen in die Luft zu sprengen. Dann ziehen wir uns zurück.

Während der Fahrt befragt Andreas Carlowitz den Dolmetscher, wer da am Telefon gesprochen und was er ihm geantwortet habe?

»Nun, dieser Mann war der Stationsleiter von Astrachan. Wollte wissän, ob Zug schon von Baku vorbei sei, weil Gegenzug auf Ausweichstelle warten. Ich haben gesagt: ›Zug ist vorbei –

schickt Gegenzug vor!‹ Er sprechen: ›Wenn Zug noch nicht in Ausweichstelle – dann wo ist?‹ – Ich sprechen: ›Vielleicht ist Zug noch in Baku?‹ – Der Genosse Stationsleiter war sehr mißtrauisch: ›Wer bist du?‹

›Ich bin der Kommandeur der russischen Befreiungsarmee. Wir werden heute abend in Astrachan zu Besuch kommen und alle Bolschewisten fortjagen.‹« Der Dolmetscher lacht herzerquikkend.

»Der Stationsleiter hat gebrüllt: ›Verfluchte Faschistenschweine! Macht, daß ihr fortkommt!‹

Ich schreie: ›Wir kommen mit nächste Zug, um Öl aus Kaukasus zu hollen.‹«

Ohne Verluste kehren wir nach Utta zurück. Von Elista treten wir unsere Fahrt in rückwärtige Quartiere an.

Hauptmann Wockenfuß gratuliert mir und meinen Männern zu diesem gelungenen Unternehmen.

Endlich können wir uns wieder etwas kultivieren. Im nahegelegenen Fluß baden wir, liegen in der Sonne und genießen das feste Landklima, die trockene Luft, die noch butterweich über die Sonnenblumenfelder weht. Unsere Filmausbeute vom Fernspähtruppunternehmen hat Boris Fenzlau schon zum Feldflughafen geschafft.

Unsere Gastgeber sind fromme Leute. Reinhold Wegmann hat gute Gemeinschaft mit ihnen. Boris Fenzlau muß ihn des öfteren übersetzen. Das Geheimnis des Glaubens ist wirklich groß.

»In Sibirien«, erklärt uns ein Bauer, der etwas Deutsch kann, »da standen die Türen aller Bauern auch dann noch offen, wenn alle Landarbeiter draußen bei der Feldarbeit waren. Es waren viele gläubige Menschen in unserem Ort. Wir ließen auch stets auf dem Tisch Brot und Salz stehen für den, der vielleicht als Flüchtling aus der Verbannung vorbeikam, um in die Heimat zu wandern. ›Was ihr getan habt einem der Geringsten, das habt ihr mir getan‹, hat unser Meister gesagt.« – Ich bin immer wieder ergriffen von der Schlichtheit dieser Menschen. Man muß die Augen dieser Menschen in solchen Stunden gesehen haben, um zu wissen, mit welcher Hingabe und Verehrung sie ihrem Herrn nachfolgen, um zu erkennen, aus welcher Kraft sie mit einfältigem Herzen zu solch einem Leben fähig sind. Die Worte Christi fallen mir dabei ein: ». . . Der Menschensohn ist nicht gekommen, daß er sich dienen lasse, sondern daß er diene.«

Diese einfachen Menschen dienen mit einer Selbstverständlichkeit, mit einer Treue und Hingabe, die mich immer wieder überrascht. Der Großvater mit seiner hellen Schirmmütze, unter der ein weißer Lockenschopf steckt, mit seinem wildwuchernden Bart, schleppt unentwegt Wasser heran und wäscht mit Reinhold Wegmann wie selbstverständlich unseren Kübelwagen. Das alte Mütterchen mit dem großen weißen Kopftuch wäscht der ganzen Staffel die Kochgeschirre, spült Kochtöpfe und putzt sogar die Stiefel. Es ist eine ergreifende Geste, wenn die alte Bäuerin das dunkle, herbe Bauernbrot anschneidet, nachdem sie für die Gabe des Himmels gedankt hat. Ich beobachte sie gerne, an ihrem Backofen im Freien stehend und die Brote herausziehend. Wenn sie Kartoffeln schält und es ihr nicht so schnell von der Hand geht, sagt sie ganz schlicht zu mir: »Vergebung, mein Herr, ich bin schon alt, meine Hände sind etwas steif . . .« So hat es mir Boris Fenzlau übersetzt.

Die Tage vergehen schnell und ohne große Spannung. Aber innerlich geschieht viel, und ich wünschte mir nur genügend Auffassungsgabe, um alles, was ich bei den Christen erfahre, einzufangen. So liege ich wieder einmal mit Reinhold Wegmann am Hang hinter dem Bauernhaus. Es ist am frühen Nachmittag; die Decke unter mir ist brennend heiß. Der Hauch eines trockenen Festlandwindes streicht über unsere Haut. Das Summen der Insekten klingt wie gedämpfter Orgelton.

»Wegmann, sagen Sie mal, wie komme ich nur zu solch einem ausgeglichenen Seelenzustand, wie diese frommen Leute oder auch Sie ihn haben?« frage ich meinen Kraftfahrer.

»Das ist einfach und kinderleicht, Herr Leutnant. Bitten Sie Gott, er möge Sie erfüllen mit seinem Geist und Sie durch das Blut Jesu Christi von aller Sündhaftigkeit befreien.«

Letzteres schmeckt mir im ersten Augenblick überhaupt nicht, denn von großer Sündhaftigkeit bin ich nicht überzeugt. Doch dann willige ich nach kurzem Überlegen ein.

»Also, wie geht das nun praktisch vor sich?« frage ich zaghaft.

»Wollen wir jetzt beten?« fragt Wegmann.

»Ich kann nicht beten. Seit meiner Kindheit habe ich nicht mehr gebetet und, um zu sagen: ›Ich bin klein, mein Herz mach rein, soll niemand drin wohnen als Jesus allein‹, bin ich doch wohl schon zu alt und ausgewachsen. Ich bin da wirklich hilflos«, sage ich.

»Dann haben Sie ja die beste Voraussetzung. Jesus predigte nämlich einst: ›Glückselig sind, die sich innerlich arm wissen im Geist, denn ihrer ist das Himmelreich.‹ Das ist eben auch das Geheimnis dieser einfachen Russen hier, sie leben wie die Kinder!«

Um ein wenig auszuweichen, sage ich: »Oh selig, oh selig, ein Kind noch zu sein . . .«

Aber dieses entscheidende Gebet fand erst einige Jahre später statt, nachdem mir Reinhold Wegmann völlig aus den Augen gekommen war. Für ihn gab es, kurz nach unserem Gespräch, eine unverhoffte Freudenbotschaft, er bekam vier Wochen Heimaturlaub. Wir alle freuten uns mit ihm, waren aber auch im gewissen Sinne traurig gestimmt, denn Wegmann war uns wie ein guter Schutzengel vorgekommen – so nannte ihn auch Franzl.

»Alles Jute wünsch ick dir von Herzen. Komm jesund zurück, und vergiß uns nich.« Franzl gab unserem Kraftfahrer einen herzhaften Schlag auf die Schulter. Der Obergefreite Walter Häberle fuhr den Urlauber zum Bahnhof, von wo er mit einem Triebwagen in die nächstgrößere Stadt gelangen sollte. Von dort wird ein größerer Zug zusammengestellt werden, der dann in Richtung Heimat fahren würde.

Noch am selben Tag wird unsere Staffel schwer heimgesucht. Bei einer Kurierfahrt in die rückwärtigen Gebiete greifen sowjetische Schlachtflieger unsere Nachschubstraßen an. Dabei erwischt es Boris Fenzlau, den unscheinbaren Unteroffizier und Kraftfahrer, auf seinem Motorrad. Eine Maschinengewehrsalve durchsiebt seine Brust – er ist auf der Stelle tot. Uns alle ergreift ein unheimliches Gefühl, eine fürchterliche Ahnung des Bevorstehenden.

Obwohl wir den Tod hundertmal fotografiert haben, ihn stets in nächster Nähe wissen, können wir es gar nicht fassen: Boris Fenzlau, der Tag für Tag bei uns war, ist nicht mehr am Leben.

Hauptmann Wockenfuß hält die Ansprache am Grab: »Er war still und bescheiden; sehr unaufdringlich, hilfsbereit und ohne großes Wesen, daß man ihn wohl leicht übersehen konnte. Mit seltener Begabung und unter Beherrschung aller Voraussetzungen hat er sein Handwerk als Kraftfahrer und Mechaniker gut verstanden.

Unteroffizier Boris Fenzlau wird uns allen unvergeßlich bleiben. Ich weiß, was einige von uns jetzt denken, denn wie oft habe ich diese Worte in den letzten Tagen gehört: ›Es war Schicksal.‹ ›Es war wohl Bestimmung.‹ ›Es sollte so sein.‹ Aber stimmt das denn überhaupt? Ist das nicht ein armseliger Versuch, jenem Geschehen einen Sinn zu geben, nur weil wir zu feige sind, der Sinnlosigkeit ins Auge zu sehen?« Der Hauptmann blickt über die angetretene Mannschaft der PK-Kompanie, die ihre Helme in der Linken auf die Brust halten.

»Nein, Kameraden, so billig kommen wir nicht davon. Dieses Geschehen hat keinen tieferen Sinn und unterliegt nicht nur menschlichen Gesetzen. Der Krieg schlägt ohne Wahl zu! Oft trifft es die Besten. Man sagt: Die sich schonen, bleiben verschont. Die sich nicht schonen, sind dem Grauen ausgesetzt. Ihr Lebenswille sucht das Gesetz zu bewegen, und je besser sie es erkennen, desto flinker und stärker werden sie sein.«

Ich werfe einen Blick zu unserem »nationalsozialistischen Nebelhorn«, Harald Biersack. Er ist mit dieser Grabrede ganz und gar nicht einverstanden. Dem NS-Führungsoffizier fehlt das großartige, vaterländische Pathos: »Für Führer, Volk und Vaterland!«

Nein, Hauptmann Wockenfuß ist kein Hurra-Schreier: »Wenn unser Kamerad Wegmann hier wäre, würde er gewiß eine bessere Ansprache halten«, sagt der Kompaniechef. »Es ist doch der Glaube, der uns trägt, der an unsere eigene Kraft und ihre geheimen Quellen stößt. Unsere Zuversicht liegt bei Gott, der uns bei Namen kennt. In einem Soldatengedicht heißt es:

›Still gleitet eine Kugel mit,
die eine, die dir selber gilt,
die dir auf Herz und Leben zielt,
ihr Flughauch löscht das liebe Licht,
die eine Kugel hörst du nicht.‹

Wegmann hat uns vor einiger Zeit ein Wort aus der Bibel gelesen, das ungefähr so hieß: ›Lehre uns unsere Tage zählen, damit wir ein weises Herz bekommen‹ und: › Du läßt die Menschen zu Staub werden und sprichst: Kommt wieder, Menschenkinder!‹

Diese Worte habe ich mir gut eingeprägt. Angesichts des Todes unseres Kameraden Boris Fenzlau werden wir alle an die uns geschenkte Lebenszeit erinnert. Gott allein ist die Zuflucht des vergänglichen Menschen. Deshalb laßt uns das Vaterunser beten.«

Nur Harald Biersack spricht das Gebet nicht. Dann singen wir das Lied vom »Guten Kameraden«. Als wir an die Stelle kommen: »Bleib du im ewigen Leben, mein guter Kamerad«, muß ich unwillkürlich an Reinhold Wegmann denken. Ob Boris Fenzlau in diesem ewigen Leben erwacht oder ob es wohl einen Todesschlaf bis zur Auferstehung der Toten zum Jüngsten Gericht wird?

Nach dem Leichenschmaus sagt Franzl Beck: »Det hätt ick dem Alten überhaupt nich zujetraut – der hat schon viel von Wegmann jelernt.«

Der gleichen Ansicht bin auch ich.

In den nächsten Tagen wird für die Staffel erhöhte Alarmbereitschaft gegeben.

So hocken wir bei Kerzenschein und vertreiben uns die Zeit. Der Tod von unserem Kameraden Fenzlau hat bei uns seine Spuren hinterlassen. Franzl bleibt wortkarg in seiner Ecke. Sein loses Mundwerk scheint wie gelähmt. Andreas Carlowitz vertieft sich in die »kleine und große Passion« des Albrecht Dürer; ein Werk, das er sich aus der Heimat mitgebracht hat. Ich habe von Reinhold Wegmann eine Bibel bekommen. Eine Übersetzung eines Gymnasialdirektors Dr. Hermann Menge. Das Vorwort endet mit dem Vers: »Suche Jesum und sein Licht, alles andere hilft dir nicht!«

Zerstreut blättere ich in dem mir so unbekannten Buch. Immer wieder steht mir unser gefallener Kamerad vor Augen. Ich höre förmlich seine Stimme, wie er vor einigen Tagen noch sagte: »Schön, daß ihr wieder gesund und heil zurückgekommen seid.« Ja, so hatte uns Boris Fenzlau empfangen: »Heute ist man froh, wenn es einen nicht erwischt hat!« – Gerade ihn hat es nun erwischt.

»Wie lange mag dieser Krieg noch dauern? Was haben wir hier an der Grenze von Asien überhaupt verloren? – Da werden Millionen Männer wegen irgendeines wahnwitzigen Befehls in die unendliche Weite eines Landes gejagt, in dem uns langsam die Puste ausgeht.« Seine Worte klingen mir so intensiv in den Ohren, als säße er gerade hier im Quartier. – Wo mochte er nun sein? Eines wurde mir überdeutlich: Ein Auslöschen des Lebens überhaupt gab es nicht. Aber Fragen über Fragen blieben. Reinhold Wegmann fehlt mir sehr. Beim Blättern in der Heiligen Schrift halte ich inne und lese in 1. Korinther 15, 54: »Denn dieser vergängliche Leib muß die Unvergänglichkeit anziehen, und dieser sterbliche Leib muß die Unsterblichkeit anziehen.«

So manche Frage hätte ich gerade jetzt an meinen frommen Kraftfahrer gestellt. Ich habe den Eindruck, daß viele meiner Kameraden mit einem unbeschwerten Leben abgeschlossen haben. Aber es führt uns alle nicht zur Müdigkeit, nicht zur Resignation; denn es gilt nicht, am Vergangenen zu hängen, es gilt, sich zu behaupten.

Seit ich Lebenskraft aus dem Evangelium erhalte, entfaltet sich in mir ein unbändiger Lebenswille. Er treibt mitunter zu Ausbrüchen heißer Freude. Man lebt einfach dem Augenblick. Für Christus zu leben, ist mir persönlich das einzig Sinnvolle. Das Leben ist auch erfüllt vom Ernst der Stunde. Es ist beides: Bitter und süß – wir lernen, das Wesentliche vom Unwesentlichen zu scheiden. Die Erkenntnis der Erlösung hat mich mit einem geheimnisvollen Reichtum beschenkt. In dieser Zeit entsteht bei mir der Wille, mit aller Entschiedenheit ein zweites, besseres Leben zu beginnen.

Am Morgen kommt der Befehl: Einsatz der PK-Kompanie an der Front! Abfahrt bereits am Abend.

»Wär es für uns nicht besser, hier det Morgengrauen abzuwarten?« fragt Franzl.

»In rabenschwarzer Nacht durch det feindliche Gebiet zu fahren, ist doch Mord. Vielleicht erwischt uns irgendeine Partisanengruppe«, orakelt der Berliner. »Denn machen se aus uns Leberwurscht.«

Aber was ist schon in diesem gewaltigen Völkermorden vernünftig?

»Fahren wir also los!« ordne ich an. »Sind die Taschenlampen in Ordnung? Die Schußwaffen geladen?« Ohne Scheinwerferlicht tasten sich unsere leistungsstarken Kübelwagen durch das weite Land. Walter Häberle hat das Steuer übernommen. Man kann gerade noch am hellen Straßenstaub den dürftigen Weg erkennen. Hin und wieder blitzt meine Taschenlampe auf – ich leuchte einen

Wegweiser an, oder ich schaue auf die Karte, die auf meinen Knien liegt. Am Horizont leuchtet fortwährend gelber Feuerschein auf und erlischt dann in tiefer Nacht. Vor uns aber steht, nordostwärts, ein dunkelrotes Glimmen am Himmel. Plötzlich werden wir durch einen Scheinwerfer angestrahlt. Feldgendarmerie mit rotem Licht gebietet uns zu halten.

»Wir haben Marschbefehl zur Front«, sage ich dem Posten.

»Zur Zeit ist eine Weiterfahrt ausgeschlossen, Herr Leutnant. Es wird vorne heftig gekämpft. Hier im Wald liegt auch noch der Feind. Warten Sie doch etwas, es kommen gleich zwei Geländewagen der Nachrichtentruppen. Sie können mit ihnen dann im Konvoi zirka zehn Kilometer durch den Wald fahren. Das ist sicherer!«

Ich willige ein. Der Wind trägt jetzt den Lärm der näherkommenden Front zu uns herüber. Endlich kommen die Geländewagen. Wir sollen ihnen auf den Fersen bleiben, aber wir halten das Tempo nicht durch. Nach vier Kilometern sind wir abgehängt. Jetzt verlassen wir uns nur auf die gute Spürnase von Franzl.

An einer Straßenkreuzung, die von einer deutschen Feldwache besetzt ist, halten wir. Um Mitternacht kommen drei Lastkraftwagen mit Panzergrenadieren – wir folgen ihnen. Stunde um Stunde fahre einmal ich, dann wieder Franzl und danach Häberle. Diese Fahrt durch die Nacht strengt uns enorm an. Um fünf Uhr schimmert ein leichtes Grau im Osten. Fröstelnd sitzen wir im Wagen. Es ist bitterkalt geworden. Um 5.30 Uhr melden wir uns im Divisionsgefechtsstand. Der Angriffsbeginn ist auf acht Uhr festgelegt. Weiter fahren wir über Knüppeldämme und schlechte Sandstraßen bis zur vordersten Front. Plötzlich donnert es vom Himmel herab. Sowjetische Tiefflieger! Sehr tief über den Boden fliegen sie. An dem kleinen Waldstückchen überspringen die russischen Flugzeuge förmlich die Bäume. Ihre Tragflächen glänzen rosig in der Morgensonne. Die sowjetischen Piloten eröffnen sofort das Feuer. Hunderte von kleinen Staubfontänen spritzen hoch und kommen uns über den Acker entgegen.

»Tiefflieger von links!« schreit Häberle, der den Wagen fährt. »Nichts wie raus!«

In hohem Satz springt er vom Steuer fast bis in einen Straßengraben.

»Das hat uns gerade noch gefehlt!« schimpft Franzl und springt vom Rücksitz in den Graben. Wie erstarrt hocke ich immer noch auf meinem Sitz und sehe, wie die Maschinen zum Anflug ansetzen. Ein Flugzeug steuert genau auf unseren Kübelwagen zu. Grelle Explosionen des Mündungsfeuers zucken an beiden Tragflächen. Ich fühle mich wie gelähmt; noch stehe ich im Filmwagen, da springt Franzl aus dem Graben und reißt mich aus dem Auto. Im Nu stolpere ich in den ausgetrockneten Graben. Ich glaubte schon, vollständig in Deckung zu sein, als ich einen gewaltigen Schlag gegen mein rechtes Knie bekomme. – Zunächst verspüre ich keinen Schmerz. Das Motorengeräusch über uns schwillt schon wieder an. Die Schlachtflieger kommen noch einmal über das Feld.

»Elender Mist!« ruft Franzl. Mein Kopf lehnt gegen die feuchte Grabenwand, das Kinn berührt fast den Boden. Ganz in unserer Nähe schlägt eine Bombe ein, mein Körper wird vom Luftdruck geschüttelt, die Splitter zwitschern uns gefährlich um die Ohren.

Aus verschiedenen Richtungen erhalten die Tiefflieger aus deutschen Stellungen MG-Feuer, aber es sind gepanzerte Schlachtflieger. Die Geschosse des Infanteriefeuers scheinen ihnen nichts auszumachen. Ich hebe leicht meinen Kopf und beobachte, wie die sowjetischen Flugzeuge von neuem über den Acker jagen. Sie fliegen so niedrig, daß man die Köpfe der Piloten deutlich sehen kann. Man fühlt sich wie ein ertappter Dieb, erkannt und durchschaut. Endlich scheint der Spuk vorüber. Mein Knie schmerzt inzwischen fast unerträglich. Ich taste mit der Hand vorsichtig über den Oberschenkel zu der höllisch schmerzenden Wunde und spüre die Feuchtigkeit, je näher ich der Wunde komme. Dann ziehe ich meine Hand zurück und sehe, sie ist blutverschmiert.

»Großer Gott, hilf mir – mein Gott, hilf mir . . .«, lalle ich. Dann kommt Franzl herangesprungen.

»Herr Leutnant, Sie bluten ja furchtbar!« ruft Franzl entsetzt.

»Mein Bein – mein Bein!« stöhne ich vor mich hin.

Franzl reißt seine Feldjacke vom Oberkörper und knöpft seine Hosenträger ab. Schnell bindet er mir meinen Oberschenkel ab.

Dann wird es Nacht vor meinen Augen. – Stunden oder Tage später werde ich wach, ich liege im blütenweißen Bett. Neben dem Bett steht eine deutsche Krankenschwester.

»Wo bin ich . . .?« frage ich sie.

»Im Feldlazarett«, sagt sie. Sie ist jung, vielleicht Mitte Zwanzig. Ihre munteren, blauen Augen schauen mich liebevoll an.

Außer dem dumpfen Schmerz am Knie und dem Stechen am Oberschenkel fühle ich mich überhaupt nicht schlecht.

»Mein Bein tut mir so furchtbar weh«, sage ich und ahne nicht, daß es amputiert ist.

Es riecht sehr stark nach Chloroform und Seife.

Die Hand der Schwester streift mein Gesicht. Es ist eine weiche, kühle Hand, die mir die verschwitzten Haare zur Seite schiebt.

»Es wird ja alles wieder gut.« Sie blickt mich irgendwie mitleidig an.

»Wer hat mich hierher gebracht? Was machen meine Kameraden?« will ich wissen.

»Sie werden jetzt Frieden haben, Herr Leutnant«, versichert mir die Schwester. »Danken Sie Gott im Himmel, daß Sie der Hölle des Krieges entronnen sind.« Langsam dämmert es in mir – ich habe nur noch einen Fuß.

»Sie werden bald in die Heimat kommen, dann wird es Frieden werden!« sagt mir die junge Krankenschwester wieder.

Hier stocken meine Gedanken, ich kann dies alles nicht recht einordnen. Wie soll es überhaupt noch einmal Frieden werden?

Ich denke an Franzl Beck, an Walter Häberle und die ersten Tage des Krieges – an den Kampf gegen die Kosaken, an den Vormarsch über die Brücke in Dünaburg – an unser Leben im alten Herrenhaus aus der zaristischen Zeit – an Iwan Sadko, den unverbesserlichen Marxisten, an die interessanten Debatten mit Reinhold Wegmann.

Unseren Film über den Blitzkrieg im Osten haben wir nie beendet. Dann kommen mir die Bilder vom Vorhof der Hölle in den Sinn – der grausame Winterkrieg an der Nordfront – die furchtbar entstellten Leichen und Boris Fenzlau – der bescheidene kleine Unteroffizier. Weshalb mußte er so plötzlich aus unserer Mitte gerissen werden?

Gerade deshalb erfaßt mich urplötzlich ein unbändiger Lebenswille – eine nie gekannte Sehnsucht nach der Heimat und der immerwährenden Sicherheit.

Vielleicht ist dieses Gefühl aber auch nur Bestürzung oder Ausweglosigkeit. Aufgrund meines veränderten Zustandes – eben ein Krüppel geworden zu sein, nie wieder unbeschwert wandern zu können – ich weiß nicht, was mich hin- und herreißt. Auf der einen Seite hat mich der Krieg hart gemacht, aber andererseits kann doch nicht alles entschwunden sein: das Zartgefühl, die Empfindsamkeit der Seele? Eines ist mir sehr klar, meine Zukunft wird für mich 1000 neue Gesichter haben.

Vor dem Feldlazarett breitet sich eine parkartige Anlage aus. Die Bäume leuchten noch im Abendlicht. Ich werde ganz ruhig – was mir die Monate und Jahre bringen werden, weiß ich noch nicht. Jetzt liege ich so allein und ohne Erwartung an die Zukunft, daß ich ihr ohne Furcht entgegensehen kann. Ich ahne, daß ein neues Leben, das mir angeboten ist, meinen Weg gestalten wird. Deshalb gebe ich mich einfach dem großen Naturschauspiel hin. Die Sommernächte in dieser südlichen Gegend Rußlands, in die man mich geschafft hat, haben ihren besonderen Reiz. Zwei Stunden nach Sonnenuntergang zieht über die blaugraue, milde Dämmerung ein violetter Streifen am fernen Horizont auf. Er hebt sich über die trüben Bodennebel mit stumpfem, rosigem Schein. Von Minute zu Minute verstärkt sich das blaugrüne Leuchten – eine Stunde später ist schon das hohe Ostgewölbe und die Landschaft bis in den letzten Nachtwinkel angehellt. Eine Stunde nach Mitternacht rufen die ersten Wachteln. Wie vor einer sinfonischen Aufführung stimmen, immer stärker werdend, die Amseln, Finken, Drosseln und Lerchen ihre Kehlen. Man muß dieser Himmelsouvertüre einmal andächtig zugehört haben.

Ich bin davon überzeugt, daß ich eines Tages die quälenden, mörderischen Geräusche des Krieges, das penetrante Hämmern der MG's, dieses grölende Wummern der Artillerieduelle, ja alle grausamen Eindrücke des mörderischen Krieges vergessen habe.

Aber diesen träumerischen Jubel der leicht gefiederten Kreaturen des Himmels zwischen Nacht und Tag werde ich wohl nie vergessen. In ihm leben immer noch die Schöpfungstage fort. Das geistliche Vorempfinden durch den frischen Äther, die Worte des Ewigen zu hören: Es werde – und war sehr, sehr gut!

Der aber, der mir durch das Zeugnis des Reinhold Wegmann begegnet ist, nämlich Gott, spricht allen, die guten Willens sind, zu:

> »Siehe, ich mache alles neu.«